HEYNE KOCHBÜCHER

ANGELINE BAUER

DIE
HOLUNDER
KÜCHE

Von der Kraft des Holunders

Originalausgabe

WILHELM HEYNE VERLAG
MÜNCHEN

HEYNE KOCHBUCH
07/4732

Umwelthinweis:
Dieses Buch wurde auf
chlor- und säurefreiem Papier gedruckt.

Printed in Germany 1999
Umschlaggestaltung: Atelier Schütz, München
Umschlagfoto: Ulla Mayer-Raichle, Kempten
Innenfotos: Stockfood/Cimbal, München (S. 85)
Stockfood/Eising, München (S. 103, 110, 111)
Stockfood/Köb, München (S. 121)
Stockfood/Sandmann/Harder, München (S. 155)
Fotostudio Teubner, Füssen (S. 33)
Gruner + Jahr Fotoservice, Hamburg (S. 67)
Satz: Schaber Satz- und Datentechnik, Wels
Druck und Bindung: RMO-Druck, München

ISBN 3-453-15563-7

INHALT

Abkürzungen und Erklärungen:

EL	=	Eßlöffel
TL	=	Teelöffel
ML	=	Meßlöffel
l	=	Liter
ml	=	Milliliter ($^1/_{1000}$ l = 1 g)
cl	=	Zentiliter ($^1/_{100}$ l)
dl	=	Deziliter ($^1/_{10}$ l)
g	=	Gramm
kg	=	Kilogramm
Msp	=	Messerspitze
1 Tasse	=	normale Teetasse mit $^1/_8$ l Inhalt

<u>Zum Thema Einkochen:</u>

»große Gläser« entsprechen 450–500 g

»kleine Gläser« entsprechen 200–250 g

»kleine Flaschen« entsprechen 225–250 ml

»große Flaschen« entsprechen 500 ml

Wo nicht anders angegeben, sind die Rezepte
für 4 Personen berechnet.

Aus einem alten Gebet:

Frau Elhorn (Holle), gib mir was von Deinem Holze,
dann will ich Dir von meinem auch was geben,
wenn es wächst im Walde.

Geschichten und Geschichtliches über den Holunder

Der Holunder läßt sich als Heilpflanze und als ›heilige‹ Pflanze bis weit in vorchristliche Zeiten zurückverfolgen. Von den Germanen ist bekannt, daß sie ihre Opfer zu Ehren der Göttin Freya unter dem Holunder darbrachten. Die Römer führten ihn in ihrem Arzneibuch als Tierheilmittel und glaubten, er schütze sie vor bösem Zauber und Schlangen. Für die Kelten war der Holunder ein heiliger Baum, und auch in den Märchen und Sagen der neueren Zeit begegnet uns der Holunder und die Göttin, der er geweiht ist, immer wieder. So gibt es selbst in heutiger Zeit wohl kaum ein Kind, das *Frau Holle* – auch Hel, Hella, Hulda, Freya, Elhorn oder Percht genannt – nicht kennt.

Ringel-Rangel-Rose, schöne Aprikose,
Veilchen und Vergißmeinnicht,
alle Kinder setzen sich,
sitzen unterm Hollerbusch,
machen alle husch, husch, husch!

Solche und ähnliche Kinderreime kennen wir alle. Ursprünglich waren das Feenkreistänze, die sich entgegen des Uhrzeigersinns, also im Mondkreis nach links gedreht, um die heilige Rose der Göttin bewegten. Auch der Brauch des Maibaum- oder Hochzeitsbaumumtanzens rührt da her. Der Göttin im

Baum wird dabei gehuldigt (huldigen – Hulda) und um Glück und Fruchtbarkeit gebeten.

Frau Holle war eine lichtweisende Muttergöttin (worauf noch ihr Name Percht, eine ursprüngliche Form von Bertha, hinweist), aber auch Göttin der Unterwelt. So leben in der mythischen Vorstellung unter den Wurzeln des Holunders die Verstorbenen. Im druidischen Baumkalender der Kelten ist der Holunder der 13. und letzte Baum im Jahreszyklus. Er symbolisiert den Tod und ist zugleich Vorbedingung für die Wiedergeburt.

Frau Holle hatte also Macht über Tod und Wiedergeburt, und damit war sie natürlich auch für Fruchtbarkeit und den Ablauf der Jahreszeiten zuständig. Sie sorgte für gutes oder schlechtes Wetter und hatte damit direkten Einfluß auf die Ernte. Zur Winterszeit zog sie dann von Stürmen und Schnee begleitet über die Erde, um die todbringenden Kräfte zu besiegen, damit wieder Fruchtbarkeit und neues Leben ins Land ziehen konnten.

Frau Holle beschützte aber auch Haus, Hof und Felder, und wem sie gut gesonnen war, der hatte Glück, Gesundheit und Kinderreichtum auf seiner Seite. Um die Göttin möglichst nahe zu wissen, setzte man den Baum, in dem sie wohnte, den Holler- oder Holderbusch, in die unmittelbare Nähe des Hauses, meist an die Scheune. Vor allem in Bayern und Schwaben, im Elsaß und der Schweiz findet man noch heute an beinahe jedem alten Bauernhaus einen Holunder.

Zu Zeiten der Göttin Frau Holle war es streng verboten, einen Hollerbaum zu beschädigen, und noch bis ins 18. Jahrhundert hinein scheuten sich die Menschen, einen Holunder zu fällen. Wenn man es aber dennoch tun mußte, zum Beispiel, um aus den Wurzeln Heilmittel herzustellen, bat man den Strauch mit einem Gebet um Vergebung, und noch unsere Großmütter vergaßen nie, sich zu bedanken, wenn sie einen Holunderstrauch abernteten.

Im Konzil von Auxerre 585 n. Chr. wurde der Brauch, an Quellen, Büschen und Bäumen zu opfern und zu beten, dann aber unter Androhung höchster Strafen verboten, und damit verkam die alte Göttin nach und nach zum gefährlichen Spukgeist, der nur noch Schlechtes brachte. Sie raubte angeblich ungezogene Kinder, schnitt Menschen den Bauch auf und nähte Steine hinein, verdarb faulen Spinnerinnen den Flachs, hatte plötzlich lange eiserne Raubzähne und vernichtete in den Rauhnächten jeden, der ihr in die Quere kam. Die Holden, so nannte man die Priesterinnen der Göttin, wurden plötzlich zu Unholden, und die Hölle, der Ort unter der Erde, wohin Holla, die Herrin der Toten, die Verstorbenen holte, wurde zu dem gemacht, was wir heute alle unter der Hölle verstehen – einem Ort der Qualen und des Verderbens.

So manche Bräuche und Rituale, die wir heute noch begehen, sind eng mit dem Hollekult verbunden: Ostern und der schon erwähnte Tanz um den Maibaum, das Essen von Hollerküchlein an Johanni, die Julfeiern und Knecht Ruprecht, der einstmals nicht den Nikolaus sondern die Holle begleitete, als sie Kinder belohnte oder bestrafte. Der Christzopf, einst Hollenzopf genannt, war ein vorchristliches Totenopfer im Holla-Kult, die Walpurgisnacht, die Sommersonnenwende und ... Es gäbe noch einiges mehr aufzuzählen.

Ursprung und Hintergrund all dieser Bräuche sind heute weitgehend in Vergessenheit geraten. Auch daß unsere Frau Holle aus dem Märchen einst eine Göttin war, weiß fast niemand mehr. Nur noch Frau Holles Baum, der Hollerbusch, träumt in Wäldern, an Wegrainen oder in alten Bauerngärten fast vergessen vor sich hin.

Sambucus nigra –
Schwarzer Holunder

Holunder tut Wunder –
was unsere Großmütter noch wußten

Fast alle Pflanzenteile des Holunders wurden zu Großmutters Zeiten verwendet. Die Blüten und Beeren zum Kochen, Blüten, Beeren, Rinde, Wurzeln und Blätter für die Hausapotheke.

Aus Blättern und Wurzeln wurde außerdem ein kräftiges Färbemittel hergestellt. Da Holunder die Poren öffnet, wurde er in Form eines Dampfbades als Hautreinigungsmittel eingesetzt. Kinder bastelten aus ausgehöhlten Holunderzweigen Flöten und Pusterohre. Bauern rieben sich die Haut mit Holunderblättern ein und banden ihren Pferden Blattbüschel vom Holunder ans Geschirr, weil er lästige Fliegen vertreibt. Sein Geruch ist nicht besonders gut, manchmal sogar ›scharf‹, aber geschmacklich ähnelt er dem Muskateller-Aroma, weshalb Holunderblüten früher auch verwendet wurden, um schlechte Moselweine aufzubessern. Und wenn man Pfarrer Kneipp glauben darf, dann haben nicht nur Menschen den Holunder seit langem für ihre Entschlackungskuren geschätzt, sondern auch die Vögel.

»Die Vögel selbst, ehe sie ihre Herbstwanderung antreten«, heißt es in seinem 1890 erschienenen Buch *Meine Wasserkur*, »suchen noch überall den Holunderbaum auf, um ihr Blut zu reinigen und ihre Natur zur weiten Wanderung zu stärken.«

Botanische Erkennungszeichen

Familie: Der **Schwarze Holunder** (lateinisch *Sambucus nigra*) gehört zur Familie der Geißblattgewächse.

Andere Namen: Holder, Holler, Flieder (zu unrecht, denn der Holunder ist kein Verwandter des Flieders!), Elder, Bore Tree (engl.), Sureau (franz.). Althochdeutsch hieß er Holuntar, wobei »tar« für Baum steht.

Vorkommen: In ganz Europa – im Norden bis Südschweden, im Osten bis Westsibirien.

Standort: Vor allem in der Nähe von menschlichen Behausungen, an Rainen, Bachufern, Waldrändern, in Höhenlagen bis 1500 m.

Aussehen des Schwarzen Holunders: 3–9 $^1/_2$ Meter hoch. Sehr ästiger Strauch oder Baum mit ausgebreiteter, ebenfalls ästiger Wurzel. Rissige hellgraue Rinde mit warzenartigen Punkten (Lentizellen). Weißes Mark in den Ästen. Die jungen Zweige zuerst grün, später grüngrau bis aschgrau. Die Blätter sind oben dunkelgrün glänzend, die Unterseite ist hellgrün. Sie sind gegenständig, unpaarig gefiedert, lang zugespitzt, ungleich scharf gesägt, etwas runzelig, wobei die Endblättchen größer als die seitlichen sind. Die Blüten in großen Trugdolden sind gelblich-weiß und fünfstrahlig, die reifen Früchte sind schwarzviolette, kleine, fast kugelige Beeren.

Bestandteile: Vitamin C, A, B1, B2 und P, Essig- und Apfelsäure, Baldrian- und Weinsteinsäure, Zucker, Gerbstoffe, Bitterstoffe, ätherische Öle, Cholin, Sambucin, Flavonoide und Alkaloide, Wachs und Harz sowie Phosphat- und Magnesiumverbindungen.

Achtung: Rinde, Blätter und unreife Beeren des Holunders enthalten zusätzlich zu den oben genannten Bestandteilen ein Glykosid, das Blausäure abspaltet. Blausäure ist ein Zellgift und wirkt auch in niedrigen Dosen sehr aggressiv.

Darum muß Holunder immer gekocht werden (ausgenommen in kleinen Dosen als Heilmittel), denn roh verzehrt, kann er Verdauungsstörungen hervorrufen!

Übrigens riecht Holunder sehr streng, und wenn Sie ihn im Hause verwerten, wird Ihnen gutes Lüften nicht erspart bleiben.

Von der Heilwirkung
des Holunders

Im Holunder finden wir sehr viel Vitamin C und Vitamin A, die Vitamine B1, B2 und P, außerdem Phosphat- und Magnesiumverbindungen, die dem Stoffwechsel nützen sowie schweißtreibende Glykoside. Holunder vermehrt die Bronchialsekretion, er stützt das Immunsystem, gilt als wirkungsvolles Blutreinigungsmittel, kann zur Darmregulierung, zur Schmerzbekämpfung, bei Fieber und Erkältungskrankheiten und als Gurgelwasser auch bei Mandel- und Rachenentzündungen eingesetzt werden. Bei regelmäßiger Einnahme hilft er, wie alles, was einen sehr hohen Gehalt an Vitamin C hat, einem Herzinfarkt vorzubeugen. Hierzu sollten Sie vielleicht wissen, daß Vitamin C die Herzkranzgefäße gesund und stabil hält. Werden sie spröde und entstehen deshalb feine Risse in den Koronargefäßen, versucht der Körper, diese Risse mit Fetten und Eiweiß ›auszukleiden‹, also zu reparieren. Diese Ablagerungen verengen die Gefäße, was meist zu Artheriosklerose (auch Atherosklerose) und schließlich zu Herzinfarkt oder Schlaganfall führt.

Die Wirkstoffe des Holunders sind in Wurzeln, Blättern und Blüten unterschiedlich konzentriert, woraus sich die verschiedenen Anwendungsbereiche der einzelnen Pflanzenteile ergeben. In den Blüten (und Beeren) findet man besonders viel Glykoside, weshalb Holunderblütentees eine stark schweißtreibende Wirkung haben und vor allem bei Erkältungskrankheiten eingesetzt werden. Blütentees trinkt man aber auch zur Be-

ruhigung der Nerven und als schmerzlinderndes Mittel bei Kopf-, Zahn- oder Ohrenschmerzen. Übrigens: Holunderblütentee ist offiziell als Heilmittel zugelassen und unter der Standardzulassungsnummer 1019.99.99 registriert.

Zur Heilung von Rheuma, Neuralgien und Ischias wird der frische Saft empfohlen. Aber Vorsicht: Frisch und in zu hohen Dosen verabreicht verursachen die Beeren wegen der Glykoside oft Brechreiz und Übelkeit! Im Mittelalter wurde Holunderblütenwasser übrigens gebrannt und bei Geschwülsten, Leber- und Milzleiden sowie Wassersucht eingesetzt.

Die Ururgroßmütter unserer Urgroßmütter, die Heilkundigen und Hebammen des Mittelalters, wußten um diese Dinge ganz einfach, weil dieses Wissen von Frau zu Frau über Generationen hinweg weitergegeben wurde. Somit verfügten sie über einen unglaublichen Erfahrungsschatz, der oft fundierter ist, als ein schnell anstudiertes Wissen.

Dann kam der Berufsstand des Arztes auf – damals reichte ein zweiwöchiges Studium, um ›Arzt‹ zu werden! – und gleichzeitig wurde den weisen Frauen unter Androhung schlimmster Strafen, sogar des Scheiterhaufens! – verboten, zu heilen. Das uralte Wissen der Frauen verlor sich über die Generationen immer mehr.

Anschließend kam das Zeitalter der Industrialisierung, die ein weiteres dazu beitrug, daß naturheilkundliches Wissen unterging und schließlich die zweite Hälfte unseres Jahrhunderts, in der sich die Menschen von Pillen und Ärzten immer abhängiger machten. Sogar schwangere Frauen wurden wie Kranke behandelt, und jede Erkältungskrankheit sogleich mit Antibiotika bekämpft. Plötzlich galten Drogen, die aus der Natur kamen, eher als suspekt und wurden mit Zauber, Scharlatanerie und Humbug in Verbindung gebracht. Industriell hergestellte Medikamente wurden als Basis unserer Gesundheit betrachtet.

Heute endlich löst man sich wieder aus der Abhängigkeit von Ärzten und Pharmaindustrie und wendet sich mehr und mehr den Heilkräften der Natur, Naturheilkundlern und Heilpraktikern zu: eine Entwicklung, die ganz sicher zu begrüßen ist. Allerdings ist es naiv zu glauben, daß alles, was aus der Natur kommt, ungefährlich ist und unbedenklich zu sich genommen werden kann. Sogar mit Kräutertees ist nicht zu spaßen, und man sollte ihre Wirkungsweise und ihre Dosierung genau kennen.

Die Verwandten
des Holunders

Der Schwarze Holunder hat zwei Verwandte, den Hirsch- oder Traubenholunder (roter Holunder) und den Attich, auch Zwergblatt- oder Stinkholunder genannt (hellrosa Blüten). Beide sind nur eingeschränkt genießbar bis giftig.

Der Attich *(Sambucus ebulus)* ist leicht vom Schwarzen Holunder zu unterscheiden, denn er ist eine Staude und kein Strauch und wird nur 1 bis 2 Meter hoch. Seine Blüten sind hellrosa, seine giftigen Beeren schwarz, seine Blätter schmaler und spitzer als die seines großen Verwandten.
Vom Attich sollte man nur die Wurzeln verwenden!

<u>Sammelzeit:</u> Wurzeln im Frühjahr und Herbst.

<u>Bestandteile:</u> Bitterstoff, Blausäureglykosid, Gerbstoff, ätherische Öle, Saponine und Harz.

Der Hirschholunder *(Sambucus racemosa)*, auch Trauben- oder Waldholunder genannt, sieht dem Schwarzen Holunder ähnlich, wird bis 4 Meter groß, die Farbe seiner Blüten geht ins gelb-grünliche, seine Beeren sind rot mit gelbbraunem Samen, seine Blätter kurzgestielt und länglich spitz. Das Mark seiner Äste ist jedoch nicht weiß, wie beim schwarzen Holunder, sondern gelblich-braun.
Da der Hirschholunder sehr viel Vitamin C und Provitamin A hat, kann man seine Beeren in der Küche durchaus gebrau-

chen. Man muß allerdings drauf achten, die Samenkörnchen nicht mitzuverwenden. Den Saft am besten im Entsafter auskochen oder die Beeren nach dem Abkochen durch ein Sieb streifen und den Rest im Sieb wegwerfen.

Achtung: Hirschholunder, wie auch Schwarzen Holunder, nie roh essen, sondern vor Gebrauch kurz kochen!

Sammelzeit: Beeren im Juli–August

Bestandteile: Vitamin C, Vitamin A, Carotin, Gerbstoff.

Holunderprodukte kaufen

Seit man sich seiner Heilkräfte wieder erinnert, wird der Holunder landwirtschaftlich angebaut. Vor allem in verschiedenen Balkanstaaten, aber auch in Dänemark und Deutschland. Solche Anpflanzungen weisen bis zu 600 Bäume auf und werfen Erträge bis zu 20 Tonnen pro Hektar ab. Aus den Ernteerträgen werden vor allem Tees und Säfte gewonnen.

Sie bekommen Holunder als Tee, Saft, Marmelade und Mus in folgenden Geschäften:

- *Getrocknete Blüten* in Apotheken
- *Fertige Tees* aus Blüten, Rinde, Wurzel oder Blättern in Drogerien oder in Apotheken
- *Muttersaft* (das ist der unverdünnte Saft) und Saft zum Trinken in Reformhäusern und größeren Bioläden oder auf Bestellung in Apotheken
- *Marmeladen und süßes Mus* (verschiedene Brotaufstriche) in Reformhäusern und größeren Bioläden

Holunder sammeln

Sammeltips:

- Blätter vor der Blüte sammeln, Rinde im zeitigen Frühjahr, Blüten je nach Lage von Mai bis Juli, Fruchtdolden von August bis Ende September
- Sammeln der Blüten: Sofern zum Trocknen gesammelt werden soll, bei abnehmendem Mond, zum sofortigen Verbrauch bei zunehmendem oder bei Vollmond.
- Ernten nur an trockenen Tagen und immer die ganzen Blütenstände.
- Die Blütenstände auf einem mit Tüll bespannten Holzrahmen durchtrocknen lassen, dann die Blüten abrebeln und noch einmal gut nachtrocknen lassen.
- Büsche wählen, die abseits vielbefahrener Straßen und nicht auf ehemaligen Trümmer- oder Müllplätzen stehen, denn Holunder kann giftige Stoffe wie z. B. Schwermetall aufnehmen.
- Die Dolden nicht abreißen, sondern mit einem kleinen, scharfen Messer abschneiden (keine Schere nehmen, da die Zweige damit eher gequetscht werden).
- Am besten in einem mit einem Küchentuch ausgelegten Korb transportieren – keinesfalls eine Plastiktüte nehmen!
- Immer nur so viel ernten, wie man sofort verarbeiten kann.
- Es ist nützlich, sich beizeiten nach Holunderbäumen an verschiedenen Standorten umzusehen. In sonniger Lage können bereits im August Beeren geerntet werden, in schattiger Lage oft noch Ende September, Anfang Oktober.
- Die Beeren müssen bei der Ernte vollreif sein, da sie sonst unbekömmlich sind.
- Holunderbeeren macht man am besten ein (Saft, Mus, Marmelade usw.), sie können aber auch getrocknet oder eingefroren werden.
- Die Rinde nur von starken Zweigen nehmen. Man entfernt

die Oberhaut und verwendet nur die grüne Rinde, die darunter liegt. Da die Blätter aber eine ähnliche Wirkung haben, sollte man darauf verzichten, den Baum so eingreifend zu beschädigen.

Holunder im Garten

Wenn Sie einen eigenen Garten haben, ist es durchaus sinnvoll, Holunder anzupflanzen, denn so ist Ihnen Ihre Ernte immer sicher. Da die Blüten aber oftmals selbststeril sind und heute nicht mehr überall Holunder steht, ist es anzuraten, mindestens zwei Sträucher zu setzen.

Holunder ist dankbar und unkompliziert. Er wächst an sonnigen Plätzen so gut wie an schattigen, und besonders gerne mag er feuchte, nahrhafte, humusreiche Böden.

Im Handel bekommt man besonders saftige und großfruchtige Züchtungen zu kaufen. Sie können Holunder aber auch leicht durch Schosse, Stecklinge oder Samen vermehren. Probieren Sie es einfach mal aus!

Kleine Holundersträucher lassen sich leicht ausgraben und versetzen, aber hat er einmal eine bestimmte Größe erreicht, ist er nur schwer wieder loszuwerden. Sägen Sie ihn einfach nur ab, wächst er aus dem Stumpf neu nach. Also, wählen Sie den Platz, an dem Sie ihren Holunder pflanzen, mit Bedacht!

Tips:
- Nach der Blüte tut dem Holunder eine extra Portion Stickstoff gut.
- Im Winter wird der Holunder am besten kräftig zurückgeschnitten.
- Zwei kleine selbstgesteckte Holunderbäumchen, zusammen mit diesem Buch verschenkt, bringt bestimmt viel Freude und Nutzen.

KOCHEN – BACKEN – GETRÄNKE

Alte Bauernweisheit:

Wenn der Holunder blüht,
legen die Hühner weniger.

Vorrat anlegen –
Einkochen von Mus, Säften,
Marmeladen

Ein Tip vorab: Sollten Sie für Antialkoholiker oder trockene Alkoholiker kochen, können Sie Rotwein gut durch Holundersaft ersetzen.

Für einen Schuß Rotwein nehmen Sie $^3/_4$ Schnapsglas Holundersaft pur (Muttersaft) und vermischen ihn mit 2 EL Apfelessig.

$^1/_2$ l Rotwein könnten Sie z. B. durch $^1/_4$ l Muttersaft und $^1/_4$ l Wasser mit 2–3 Schnapsgläsern Apfelessig vermischt ersetzen. Aber letztlich ist alles Geschmacksache. Experimentieren Sie einfach ein bißchen!

Tips zum Einkochen

• **Gelierprobe** (wenn Sie Gelee einkochen):
Ein abgekühlter Tropfen Gelee auf einem Teller darf sich nicht rühren, wenn man den Teller bewegt. Dann ist ihr Gelee von der richtigen Konsistenz. Ist es noch nicht fest genug, etwas länger kochen lassen.

• **Sulzprobe** (beim Einkochen von Marmeladen):
Die Marmelade ist fertig gekocht, wenn man einen Kaffeelöffel davon auf einen Teller gibt und die Masse sich beim Abkühlen

mit einem dünnen Häutchen überzieht. Passiert das nicht, noch etwas weiterkochen lassen.

• **Gläser und Deckel** vor Gebrauch gründlich in heißem, mit Spülmittel versetztem Wasser säubern, mit klarem heißem, besser noch kochendem Wasser nachspülen und zum Ablaufen auf ein sauberes Tuch stülpen.

• Am besten, Sie nehmen Gläser mit **Twist-off-Verschlüssen**. Sie sind leicht und luftdicht zu verschließen, so können keine Bakterien eindringen.

• **Säfte, Marmeladen oder Gelees** immer sehr heiß in Gläser füllen! Dann in den Deckel des Glases oder der Flasche etwas starken Schnaps (eventuell Trester) geben und den Deckel mit dem Schnaps sofort aufschrauben. Der Alkohol desinfiziert dann den Deckel, den Flaschenhals und die oberste Schicht des Einmachgutes.

• **Ein altbewährter Trick**, um das Verschimmeln des Einmachgutes oder der Marmelade zu vermeiden: Mischen Sie die Früchte mit dem Zucker und lassen Sie die Masse einen Tag im Kühlschrank stehen. Erst dann weiterverarbeiten.

• Grundsätzlich **nur reife und einwandfreie Früchte** verwenden und stets nur so viel Obst und Beeren ernten und vorbereiten, wie am selben Tag verarbeitet werden kann.

• Falls die **Beeren** abgeribbelt werden müssen, nimmt man dazu am besten eine Gabel zu Hilfe.

• Beim **Kochen von Marmeladen und Gelees** müssen die Kochtöpfe so groß sein, daß sie nicht mehr als etwa zu einem Viertel mit Fruchtmasse gefüllt sind, da Marmeladen und Gelees steigen!

- Erst wenn die **Fruchtmasse** mit Zucker und Gewürzen bei starker Hitze und unter ständigem Rühren durch und durch sprudelnd kocht, den **Kurzzeitmesser** (Eieruhr) einstellen.

- **Schaum**, der beim Kochen von Gelee entsteht, vor dem Abfüllen in Gläser abschöpfen und in ein Schüsselchen füllen. Dieser Schaum schmeckt gut aufs Brot.

- Als **höchste Kochmenge** gelten bei Konfitüren und Gelees 2 kg Fruchtmasse (Fruchtmenge mit Zucker und Gewürzen zusammengerechnet). Nimmt man mehr, ist eine richtige Gelierung nicht mehr gewährleistet.
Wichtig: Wenn Sie die im Rezept angegebene Menge verdoppeln, müssen Sie auch die Kochzeit verdoppeln!

Tips zum Sammeln von geeigneten Gefäßen

- Da Sie für viele Rezepte nur kleine Mengen von Holundersaft, -mus oder -kompott benötigen, ist es anzuraten, dies in kleine Gläser abzufüllen. Es eignen sich beispielsweise Gläser von Babynahrung, Lachsschnitzen, Kaviar, Meerrettich usw.

- Für Muttersaft (ungesüßt und unverdünnt), den Sie in kleinen Mengen zum Kochen und Backen benötigen, sammeln Sie am besten Flaschen von Cocktailsaucen oder Ketchup.

- Für gesüßten und verdünnten Saft zum Trinken eignen sich am besten braune Obstsaft-Flaschen (z. B. von Multivitaminsaft).

- Gläser und Flaschen sollten möglichst Twist-off-Schraubverschlüsse haben.

- Für Holundersekt benötigen Sie dickwandige Sektflaschen mit Kunststoffkorken. Sektflaschen bekommen Sie notfalls in einer Gastwirtschaft, wenn Sie rechtzeitig darum bitten.

Holundersekt niemals in andere, dünnwandige Flaschen abfüllen, da diese zu leicht platzen!

Wichtig: Flaschen gut reinigen und Kunststoffkorken auskochen! Die Korken am besten mit Drahtkappen befestigen (gebrauchte sammeln, sie lassen sich oft nochmals verwenden) oder dicken Blumendraht nehmen.

- Zum Einfrieren von Mus oder Kompott besorgen Sie sich am besten sehr kleine Plastikschalen mit Deckel.

Tips zum Entsaften

Im **Dampfentsafter** kann in kurzer Zeit eine große Menge an Saft gewonnen werden. Es genügt, wenn Sie die Holunderdolden waschen, Sie brauchen sie nicht zu entstielen.

Kleinere Saftmengen können auch im **Schnellkochtopf** gewonnen werden. Hierzu die Holunderbeeren mit einer Gabel vom Stiel streifen. Zubereitungszeit, Frucht- und Wassermengen bitte in der Gebrauchsanweisung Ihres Schnellkochtopfes nachlesen.

Eine weitere Möglichkeit zur Saftgewinnung bietet die **Fruchtpresse**. Der gewonnene Saft muß dann allerdings noch mal gefiltert und gekocht werden. Zum Filtern den Saft dann einfach durch einen Kaffeefilter mit Filterpapier abgießen. Man kann solche Fruchtpressen als Zusatzgerät für Küchenma-

schinen kaufen oder als einfache Handpresse. Auch bei dieser Art der Saftgewinnung müssen die Holunderbeeren vom Stiel gestreift werden.

Haben Sie keines dieser Küchengeräte zur Verfügung, können Sie die mit etwas Wasser gekochte Fruchtmasse auf ein Tuch geben und ablaufen lassen. Ist alles gut abgetropft, das Tuch mit der Masse zusammenfalten und den Fruchtbrei fest auswringen. Unsere Großmütter haben zum Entsaften ein Mull- oder Leinentuch an die Beine eines umgekippten Stuhles gebunden. Hierzu wird jeder der vier Zipfel des Tuches mit einer Schnur verknotet und die Schnur dann fest um das Stuhlbein gezurrt. Eine Schüssel unter dem Tuch fängt den Saft auf.
Einfacher ist es, ein Leinentuch in ein großes Sieb zu legen, das Sieb in einen hohen Topf zu hängen und dann die Fruchtmasse durchlaufen zu lassen. Den Fruchtbrei, der im Tuch verbleibt, gut auspressen, dann wegwerfen oder an die Vögel verfüttern.

Muttersaft-Zubereitung
(unverdünnter, ungezuckerter Holundersaft)

Den Holunder nach einer der oben erwähnten Methoden entsaften. Den aufgefangenen Saft nochmals kurz aufkochen und eventuell pro Liter Holundersaft den Saft einer halben Zitrone zugeben.
Dann heiß in sehr saubere Flaschen abfüllen.

Tip: Dieser Saft ist geeignet zum Kochen und Backen oder verdünnt und mit Honig gesüßt zum Trinken!

Holundersaft süß

Für 8–9 l Saft:
4 kg Holunderbeerdolden
2 ¹/₂ l Wasser
3 ¹/₂ kg Zucker
1 Päckchen Einmachhilfe

1. Die Beeren mit einer Gabel von den Dolden streifen und nach einem der auf Seite 28 und 29 genannten Verfahren entsaften.

2. Den gewonnenen Saft mit dem Wasser verrühren, dann wiegen oder messen und den Zucker beifügen. Auf 1 l Saft 750 g Zucker nehmen.

3. Saft und Zucker bei starker Hitze aufkochen, falls nötig, abschäumen.

4. Zuerst den Topf vom Herd nehmen, dann die Einmachhilfe einrühren.

5. Den Saft in die vorbereiteten Flaschen füllen und sofort verschließen.

Tip: Dieser Saft ist geeignet zum Trinken und Mixen!

Holler-Zwetschgen-Mus ungesüßt

Für 3 große oder 6–10 kleine Gläser:
1 kg Holunderbeeren (entstielt gewogen)
500 g entsteinte Zwetschgen
Saft von ¹/₂ Zitrone · ¹/₂ Glas Wasser
starker Schnaps nach Belieben

1. Die Holunderbeeren kurz waschen und die Zwetschgen würfeln.
2. Die Früchte mit Zitronensaft und Wasser zu Mus kochen, danach durch ein grobes Sieb passieren.
3. Das Mus einfrieren oder sehr heiß in Gläser füllen, jeweils den Deckel des Glases mit sehr starkem Schnaps (eventuell Trester) auffüllen, ins Glas kippen und das Glas sofort schließen.

Holler-Zwetschgen-Mus süß

Für 4 große oder 8–12 kleine Gläser:
1 kg Holunderbeeren (entstielt gewogen)
500 g entsteinte Zwetschgen
600 g Zucker
Saft von ¹/₂ Zitrone · ¹/₂ Glas Wasser
etwas starker Schnaps, z. B. Grappa

Zubereitung wie Holler-Zwetschgen-Mus ungesüßt. Fügen Sie unter Punkt 2 aber den Zucker bei.

Holler-Zwetschgen-
Birnen-Mus süß

Für 4 große oder 8–12 kleine Gläser:
1 kg Holunderbeeren (entstielt gewogen)
500 g reife feste Zwetschgen
500 g Birnen
200 g Zucker
1 TL gemahlene Nelken
1 TL Zimt

1. Die Holunderbeeren waschen, verlesen und gut abtropfen lassen. Die Zwetschgen halbieren und entkernen, die Birnen schälen, vierteln und die Kerngehäuse entfernen, dann in grobe Scheiben schneiden.

2. Die Früchte in eine große Schüssel geben, den Zucker darüberstreuen, abgedeckt 3 Stunden stehen lassen. Der Zucker soll sich ganz auflösen.

3. Den Ofen auf 180°C vorheizen. Nelken und Zimt unter die Früchte rühren, das Ganze in eine Auflaufform umfüllen und in den Ofen schieben.

4. Die Fruchtmasse 2 Stunden, ohne zu rühren, langsam garen.

5. Nach Ablauf der Garzeit das Mus sofort in saubere Gläser füllen und verschließen.

Holundermus mit Birnen (Rezept Seite 34)

Holundermus mit Birnen

(siehe Foto Seite 33)

Für ca. 5 große Gläser:

1,5 kg frische reife Holunderbeeren

400 g brauner Zucker · $^1/_4$ l Wasser · 1 kg Birnen

Schale von 1 unbehandelten Zitrone · 1 Zimtstange

---

1. Die Holunderdolden waschen und auf Küchenpapier gut abtrocknen lassen. Erst dann die Beeren mit der Hand von den Stielen lösen.

2. Mit Zucker und Wasser zum Kochen bringen und etwa 10 Minuten leise köcheln lassen.

3. Inzwischen die Birnen schälen, halbieren und das Kernhaus herausschneiden.

4. Die Früchte in Spalten teilen und zusammen mit der dünn abgeschälten Zitronenschale sowie der Zimtstange noch 2–3 Minuten in dem Holdermus mitkochen.

5. In vorbereitete Gläser füllen, nicht zu fest verschließen und 25 Minuten einkochen. Schraubdeckel am besten erst fest zuschrauben, dann um eine halbe Drehung wieder aufschrauben, damit die Luft beim Einkochen entweichen kann.

6. Dafür die Gläser in einem großen Topf auf ein Drahtgitter stellen, den Topf mit warmem Wasser füllen, so daß die Gläser mit Wasser bedeckt sind. Nun bis zum Siedepunkt erhitzen und 20–25 Minuten bei etwa 85 °C halten. Die Deckel anschießend noch einmal festschrauben.

7. Im Dampfkochtopf geht das Einkochen auch mit viel weniger Wasser (etwa $^1/_4$ l) und dauert nur ca. 8 Minuten. Hier bitte die Anweisungen des Herstellers beachten.

Hollerkompott mit Zwetschgen

Für 4–5 große oder 8–10 kleine Gläser:
900 g Holunderbeeren (entstielt gewogen)
300 g Zwetschgen
1 Apfel
200 g Zucker
$\frac{1}{4}$ l Wasser
Saft von etwa 350 g Zitronen
3 EL Speisestärke
etwas starker Schnaps, z. B. Grappa

1. Die Holunderbeeren kurz waschen. Die Zwetschgen klein würfeln oder schälen. Den Apfel schälen und in Scheiben schneiden.

2. Die Früchte mit Wasser, Zucker und dem Saft der Zitrone weich dünsten.

3. Die Speisestärke einrühren.

4. Das Kompott in kleinen Portionen einfrieren oder sehr heiß in saubere Gläser füllen, jeweils den Deckel des Glases mit sehr starkem Schnaps (eventuell Trester) auffüllen, ins Glas kippen und das Glas sofort schließen.

Tip: Das Kompott läßt sich auch als Nachspeise verwenden. Dann kalt mit geschlagener Sahne servieren!

Hollerkompott mit Birnen

Für 4 große oder 8 kleine Gläser:
1 l entstielte Holunderbeeren
2 große Birnen
250 g Zwetschgen
$^1/_4$ l Wasser
4 EL Zucker
1 Zimtstange

1. Beeren abzupfen, Birnen schälen und in feine Scheiben schneiden, Zwetschgen vierteln und entkernen.
2. Die Früchte zusammen mit Zucker und Gewürz in $^1/_4$ l Wasser weich dünsten. Danach die Zimtstange entfernen und alles gut verrühren.
3. Noch heiß in kleine Gläser füllen oder in kleinen Portionen einfrieren.

Tip: Das Kompott läßt sich auch als Nachspeise verwenden. Dann kalt mit geschlagener Sahne servieren!

Holundermarmelade

Für 4–5 große oder 8–10 kleine Gläser:
1,2 kg Holunderbeeren (entstielt gewogen)
1 kg Zucker
1 Päckchen Gelfix
Saft von 1 Zitrone
2 EL klarer Schnaps

1. Die Holunderbeeren von den Dolden streifen, waschen, gut abtropfen lassen.

2. Die Fruchtmenge genau wiegen, in einen genügend großen Topf geben, mit dem Pürierstab leicht pürieren.

3. Gelfix in die Fruchtmenge einrühren, Zitronensaft und Schnaps dazugeben, das Kochgut unter ständigem Rühren aufkochen.

4. Sobald alles bei starker Hitze und unter ständigem Rühren kocht, den Zucker einrühren und das Ganze erneut zum Kochen bringen. Kocht die Masse bei ständigem Rühren durch und durch sprudelnd, noch drei Minuten weiterkochen und die Sulzprobe (siehe Seite 25/26) machen. Sollten Sie die doppelte Menge verarbeiten, muß die Marmelade 6 Minuten kochen!

5. Die fertige Marmelade sofort in saubere Gläser füllen.

Holunderblütengelee

Für 5 große oder 10–12 kleine Gläser:
10 Holunderblütendolden
2 unbehandelte Zitronen
2 unbehandelte Orangen
³/₄ l Wasser
¹/₄ l Roséwein
etwa 1 kg Gelierzucker

1. Die Blütendolden waschen und abtropfen lassen. Je eine der Zitronen und Orangen in Scheiben schneiden.

2. Wasser, Rosé, Holunderblüten und die in Scheiben geschnittenen Zitrusfrüchte miteinander aufkochen, dann 24 Stunden stehen lassen.

3. Am nächsten Tag die verbliebenen Zitrusfrüchte auspressen und zu dem Blütensaft geben. Den Blütensaft durch ein Sieb abgießen, Früchte mit einem großen Löffel auspressen, den Saft abmessen.

4. Saft in einen genügend großen Topf geben, dieselbe Menge Gelierzucker zufügen und unter Rühren zum Kochen bringen. 2 Minuten sprudelnd kochen, die Gelierprobe machen und das Gelee in Gläser abfüllen.

Holundergelee

Für 2–3 große oder 6–7 kleine Gläser:
Saft und Schale von 2 unbehandelten Zitronen
Gelierpulver 2 : 1
400 g Zucker
$^3/_4$ l Holundersaft

1. Die Zitronen heiß waschen, schälen, dann den Saft auspressen.

2. Gelierpulver mit 2 EL vom Zucker mischen und unter den Holundersaft rühren. Zitronensaft sowie -schalen zufügen und das Ganze unter Rühren zum Kochen bringen.

3. Wenn die Masse kocht, den restlichen Zucker hineinrühren, wieder aufkochen und eine Minute sprudelnd kochen. Die Gelierprobe machen und das Gelee sofort in Gläser füllen.

Holunder-Rosmarin-Gelee

Für 3 große oder 6–8 kleine Gläser:
1 kg Holunderbeeren (entstielt gewogen)
$^1/_8$ l Wein (je nach Geschmack rot, weiß oder Rosé)
$^1/_8$ l Wasser
1 Zweig Rosmarin
500 g Zucker
1 Beutel Geliermittel
Saft von $^1/_2$ Zitrone

1. Holunderbeeren waschen, verlesen und gut abtropfen lassen. Mit Wein und Wasser in einen größeren Topf geben.

2. Einen Teelöffel Rosmarinnadeln abzupfen und grob hacken. Restlichen Zweig zu den Früchten geben und alles langsam aufkochen. Bei kleiner Hitze etwa 5 Minuten weiterköcheln lassen.

3. Ein Sieb mit einem angefeuchteten Mull- oder Leinentuch auslegen und die Fruchtmasse daraufschütten. Den Saft abtropfen lassen, die Fruchtmasse anschließend im Tuch auswringen. $^3/_4$ l vom aufgefangenen Saft abmessen.

4. 2 EL vom Zucker mit dem Gelierpulver mischen. Fruchtsaft, Zitronensaft und Zucker-Geliermittel-Mischung verrühren und langsam aufkochen. Den restlichen Zucker unter Rühren einstreuen und alles eine Minute sprudelnd kochen. Dann die gehackten Rosmarinnadeln unterrühren.

5. Die Gelierprobe machen, das Gelee randvoll in saubere Gläser füllen und sofort fest verschließen.

Holunder–Apfel–Konfitüre

– Für Diabetiker geeignet –

Für 2–3 große oder 5–8 kleine Gläser:
500 g Holunderbeeren (entstielt gewogen)
500 g säuerliche Äpfel (geputzt gewogen)
250 g Fruchtzucker oder Diabetikersüße
1 Beutel Gelier Leicht
Saft von 1 Zitrone

1. Holunder waschen und von den Dolden befreien. Die Äpfel schälen und grob raspeln.

2. Früchte mit dem Süßungsmittel, *Gelier Leicht* und dem Zitronensaft gut vermischen.

3. Den Fruchtbrei unter Rühren zum Kochen bringen und 2–3 Minuten sprudelnd kochen. Die Marmelade abfüllen, Gläser verschließen, umdrehen und etwa 15 Minuten auf dem Deckel stehen lassen.

40 g = 1 BE, 190 kJ/48 Kcal

Hirschholunder–Apfel–Gelee

Für 10–11 große oder ca. 20 kleine Gläser:
2 kg Hirschholunder (siehe Seite 18, 19)
5 Falläpfel
1 kg Gelierzucker pro 500 ml Saft

1. Die Beeren verlesen und waschen.

2. Zusammen mit den geviertelten Äpfeln im Dampfentsafter entsaften.

3. Auf jeweils 500 ml Saft 1 kg Gelierzucker geben. Saft und Zucker zusammen in einem großen Topf auf Geleedicke (siehe Gelierprobe, Seite 25) einkochen, sofort in vorbereitete Gläser füllen und verschließen.

Achtung: Hirschholunder nur abgekocht und ohne die Samenkörner verwenden! Die Fruchtmasse nach dem Entsaften keinesfalls weiterverwenden, sondern wegwerfen!

Holunder–Chutney

Für ca. 12 kleine Gläser:
500 g Holunderbeeren (entstielt gewogen)
500 g Äpfel · 500 g fein gehackte Zwiebeln · $^1/_4$ l Essig
100 g getrocknete Früchte (z. B. Aprikosen, Trockenpflaumen, etc.)
je 1 TL Salz und Ingwer
1 TL Einmachkräuter (fertig gekauft oder aus Lorbeerblatt, Nelken, Pfefferkörnern und Wacholderbeeren zusammengestellt)
350 g brauner Zucker · 1 Prise Cayennepfeffer

1. Die Holunderbeeren waschen, verlesen und gut abtropfen lassen. Äpfel schälen, vom Kernhaus befreien und klein schnipseln.

2. Die Zwiebeln in 1 dl Essig weich schmoren.

3. Holunderbeeren, Äpfel und getrocknete Früchte zufügen.

4. Salz, Ingwer und die Einmachkräuter in ein Säckchen aus Stoff geben und das Säckchen der Masse zufügen. So viel Essig angießen, daß die Masse nicht anbrennt.

5. Das Chutney unter Rühren so lange kochen, bis die Früchte weich sind.

6. Den Rest des Essigs, den Zucker und die Prise Cayennepfeffer zufügen, die Masse weiterkochen lassen, bis sie dick wird.

7. Das Säckchen mit den Kräutern entfernen, das Chutney in saubere Gläser füllen und sofort verschließen.

Tip: Chutney wird kalt gegessen. Es schmeckt gut zu Fleisch und Reis oder als Dipsauce.

Holunderbeerenlikör I

Für ca. 6 Liter:
1 kg Zucker
1 Vanillestange
3 l Wasser
2 l entstielte Holunderbeeren
$^3/_8$ l Weingeist

1. Den Zucker mit der Vanillestange in 1 l Wasser 30 Minuten kochen.

2. Die abgezupften und gewaschenen Beeren in 2 l Wasser 5 Minuten kochen. Den Saft durch ein in ein Sieb gelegtes Tuch in eine Schüssel gießen. Das vanillierte Zuckerwasser ebenfalls über das Tuch und die Beeren in eine Schüssel gießen, die Beeren anschließend gut auspressen.

3. Sobald die Flüssigkeit ganz erkaltet ist, den Weingeist dazugeben, alles mischen, eventuell nochmals filtrieren und in Flaschen abfüllen.

4. Vor Gebrauch den Likör mindestens 6 Wochen aufbewahren.

Holunderlikör II

Für ca. 1 Liter:
250 g Holunderbeeren (entstielt gewogen)
1 Vanillestange
150 g weißer Kandis
0,7 l Korn (38–42 %)

1. Die Holunderbeeren waschen, verlesen und mit sehr wenig Wasser kurz kochen.
2. Die Beeren mit der Vanillestange und dem Kandiszucker in eine große Flasche füllen und mit Korn übergießen. Den Likör 6 Wochen reifen lassen, hin und wieder durchschütteln.
3. Nach der Reifezeit durch einen Filter gießen (Kaffeefilter) und in eine hübsche Flasche füllen.

Holunderlikör III

Für ca. 1,7 Liter:
$^3/_4$ *l Holundersaft pur*
1 Vanillestange · 250 g Zucker
0,7 l Rum 54 %

1. Den Saft mit Vanillestange und Zucker aufkochen. Nach dem Abkühlen den Rum zugießen.
2. Den Likör etwa 4 Wochen ruhen lassen (ab und zu schütteln). Danach die Vanillestange herausnehmen und den Likör in eine hübsche Flasche füllen.

Tips zum Herstellen von Holundersekt

- Holundersekt hat wenig Alkoholgehalt, trotzdem kann er jahrelang aufbewahrt werden.
- Holundersekt kann schimmeln, ehe er zu gären beginnt. Das liegt unter Umständen an zu feuchter Witterung während der Ernte oder an einem ungünstigen Standort des Gefäßes. Am besten, Sie stellen den Ballon an einen warmen Platz in die Sonne und wickeln ihn nachts in eine Decke ein.
- Manchmal ist der fertige Holundersekt etwas trüb. Schuld daran sind Eiweißstoffe. Die Qualität wird dadurch nicht beeinträchtigt.

Vorsicht, die Flaschen stehen unter starkem Druck!

Holundersekt

(siehe Foto Seite 67)

Für ca. 20 Flaschen:

---

20 große Holunderblütendolden

---

3 unbehandelte Zitronen

$^1/_8$ l Weißwein oder Sekt

$^1/_4$ l guter Weinessig

---

1 $^3/_4$ kg Zucker oder Honig

---

15 l Wasser

---

*1 großer Glasballon, etwa 20 dickwandige Sektflaschen
mit Plastikkorken (keinesfalls andere Flaschen verwenden!)
und starker Blumendraht oder die abgelösten Drahtkappen
von Sektflaschen*

---

1. Die Blüten waschen, abzupfen und in einen Glasballon füllen.

2. Die klein geschnittenen Zitronen mit Schale, Wein und Essig in den Ballon geben.

3. Den Zucker in 3 l kochendem Wasser auflösen, das Zuckerwasser in den Ballon füllen und 12 l Wasser nachgießen.

4. Über die Öffnung des Ballonhalses ein Stück Gazetuch binden. Täglich umrühren! Nach frühestens 4 Tagen hat das Getränk gegärt (meist dauert es etwas länger). Dabei haben sich kleine Bläschen auf der Oberfläche gebildet und die Blüten sind bräunlich geworden. Jetzt wird der Sekt durch ein Sieb in dickwandige Sektflaschen gefüllt (nur bis etwa 5 cm unter den Rand), verkorkt und die Korken mit Draht am Flaschenhals befestigt.

5. Den Sekt mindestens 4 Wochen dunkel und kühl lagern, bevor Sie ihn trinken.

Roter Holundersekt

Für 6 Flaschen:
5 Holunderblütendolden
150 ml Holundersaft pur
1 Gläschen Holunderlikör oder ersatzweise ein Glas Wein
2 EL Weinessig
650 g Kristallzucker
4,5 l kaltes Wasser
6 dickwandige Sektflaschen mit Kunststoffkorken *(keinesfalls andere Flaschen verwenden!)* *und starker Blumendraht oder Drahtkappen von Sektflaschen*

1. Die Holunderblüten waschen, in einen Glasballon (notfalls in eine große Schüssel) zupfen, Holundersaft, Likör und Essig zugeben, dann den Zucker zusammen mit dem Wasser aufkochen, wieder abkühlen lassen und ebenfalls in den Glasballon füllen.

2. Alles gut verrühren, den Glasballon mit einem Stück Gazetuch abbinden und bis zum Gären (etwa 5 Tage, manchmal auch länger) an einem sonnigen Platz stehen lassen. Ab und zu umrühren!

3. Dann die Flüssigkeit durch ein Sieb in die Flaschen gießen (nicht zu voll machen), die Korken aufsetzen und mit Blumendraht sichern. Die Flaschen mindestens 4 Wochen kühl und dunkel lagern.

Siehe auch Tips zur Herstellung von Holundersekt auf Seite 46!

Holunderblütensirup

(siehe Foto Seite 67)

Für 4 große oder 8 kleine Flaschen:
25 große Holunderblütendolden
1 ¹/₂ Zitronen
1 kg Zucker
1 l Wasser

1. Die Holunderblüten waschen, abtropfen lassen und in einen Topf legen.

2. Die Zitronen in Scheiben schneiden und zusammen mit dem Zucker in einen Topf mit 1 l Wasser geben. Alles aufkochen und, sobald sich der Zucker ganz gelöst hat, über die Holunderblüten gießen.

3. Den Topf mit einem Deckel abdecken und die Flüssigkeit 3 Tage ziehen lassen.

4. Danach den Sirup durch ein Sieb gießen, dann in (sehr saubere!) Flaschen abfüllen.

Mit Mineralwasser, eventuell auch einem Schuß Apfelessig verdünnt, wird dieser Sirup zu einer erfrischenden Limonade!

Tip: Im Kühlschrank hält sich der Sirup ein halbes Jahr und länger. Angebrochene Flaschen sollten innerhalb von vier Wochen verbraucht werden.

Backen mit Holunder

Tips zum Backen

- Für Umluftöfen ziehen Sie von den angegebenen Temperaturen einfach 25–30 °C ab. Die Backzeit bleibt gleich.
- Sahne, die aus dem Kühlschrank kommt, wird besser steif. Zu warme Sahne wird durch das Schlagen leicht zu Butter.
- Butter und Eier am besten vor dem Backen aus dem Kühlschrank nehmen, damit sie Zimmertemperatur annehmen können. Kommt aber eines von beiden aus dem Kühlschrank, sollte auch das andere gekühlt sein.
- Eier aus dem Kühlschrank lassen sich am besten trennen.
- Eischnee wird nur dann richtig fest, wenn Schüssel und Quirle ganz sauber sind.
- Zucker nie sofort zum Eiweiß geben! Schlagen Sie das Eiweiß erst halbwegs fest und geben Sie dann nach und nach den Zucker bei.
- Je schneller Sie einen Teig verkneten, desto schöner wird er!
- Mürbeteig muß mit kalten Händen verarbeitet werden. Halten Sie Ihre Hände darum erst unter kaltes Wasser. Wird Mürbeteig zu warm, verklebt er. Dann kein zusätzliches Mehl unterkneten, sondern den Teig für kurze Zeit kalt stellen!
- Zucker sollte immer möglichst fein sein, denn zu grober Zucker bildet beim Backen braune Punkte. Für Mürbeteig am besten Puderzucker verwenden!

- Bleche und Kuchenformen brauchen für Mürbeteig nie zusätzlich gefettet zu werden.
- Vom Konditor abgeguckt: Ein Unterboden aus Mürbeteig verhindert, daß die Torte durchweicht und gibt ihr festeren Stand. Außerdem verleiht er sahnigen Torten mehr Biß!
- Sobald Mürbeteig ohne Backpulver zubereitet wurde, hält er sich im Kühlschrank wochenlang. Einfach in Frischhaltefolie verpacken! In der Gefriertruhe kann er sogar monatelang aufbewahrt werden. Sollten Sie also öfter Torten backen, lohnt es sich, für die Unterböden eine größere Menge Mürbeteig vorzubereiten. In diesem Fall pro fünffaches Grundrezept ein Ei zufügen, da dies den Teig geschmeidiger macht.
- Wenn Sie Biskuit backen, fetten Sie die Backform niemals ein! Das Fett würde den Teig daran hindern, aufzugehen. Den Boden der Backform mit Backpapier auslegen.
- Biskuitböden können Sie auch mit einem starken Faden durchschneiden, den Sie um das Backwerk herumlegen, vorne überkreuzen und zusammenziehen.
- Kakao gibt dem Teig Farbe, aber kein Aroma. Deshalb nehmen Sie nie mehr Kakao als im Rezept angegeben – er würde den Teig nur bitter und schwer machen.

Grundrezepte

Feiner Mürbeteigboden

– Unterboden für Torten –

Ein Unterboden für Torten verhindert, daß die Torte durchweicht und gibt ihr einen besseren Stand. Außerdem bekommt
die Torte so etwas ›Biß‹. Solche Unterböden sind meist aus
dünnem Mürbeteig und werden wie folgt hergestellt.

Für 1 Unterboden:
100 g Butter
50 g Puderzucker
1 Päckchen Vanillezucker
1 Prise Salz
3 Tropfen Zitronenbacköl
150 g Mehl

1. Butter, Puderzucker, Vanillezucker, Salz und Backöl zu
   einer Masse vermengen.
2. Das Mehl zugeben und den Teig sehr schnell verkneten.
3. Den Teig möglichst 1 Stunde, mindestens aber 30 Minuten
   kalt stellen.
4. Eine ungefettete Springform mit dem Teig auslegen und auf
   dem Boden leicht andrücken. Einige Male mit der Gabel
   einstechen.
5. Boden bei 180 °C in etwa 10–15 Minuten goldgelb backen.

Grundrezept Schokoladenbiskuit

Für 1 Tortenboden:
6 Eier (getrennt)
170 g Zucker
1 Päckchen Vanillezucker
1 Prise Salz
5 EL kochendes Wasser
80 g Mehl
75 g Speisestärke
10 g stark entölter Kakao

1. Backofen auf 175 °C vorheizen.

2. Eigelbe mit 120 g Zucker, Vanillezucker, Salz und dem heißen Wasser gut aufschlagen.

3. In einer anderen Schüssel das Eiweiß schlagen, kurz vor dem Steifwerden den restlichen Zucker einrieseln lassen.

4. Den steifen Eischnee unter die Eigelbmasse ziehen.

5. Gesiebtes Mehl, Speisestärke und Kakao kurz unterheben.

6. Den Boden einer Springform mit Backpapier auslegen und den Teig einfüllen. 45–50 Minuten backen.

Grundrezept Heller Biskuit

Für 1 dicken oder 2–3 dünne Tortenböden:
6 Eier (getrennt)
170 g Zucker
1 Päckchen Vanillezucker
1 Prise Salz
5 EL kochendes Wasser
100 g Mehl
75 g Speisestärke

1. Backofen auf 175 °C vorheizen.
2. Eigelbe mit 120 g Zucker, Vanillezucker, Salz und dem heißen Wasser aufschlagen, bis die Masse weiß wird.
3. In einer anderen Schüssel Eiweiß steif schlagen, dabei den restlichen Zucker nach und nach einrieseln lassen und stets weiterschlagen.
4. Eischnee unter die Eigelbmasse ziehen. Gesiebtes Mehl und Speisestärke kurz unterheben.
5. Den Boden einer Springform mit Backpapier auslegen, Teig einfüllen und 45–50 Minuten backen.

Torten und Kuchen

Baisertorte mit Holundercreme

FÜR DEN TORTENBODEN:
1 dünner Mürbeteigboden nach Grundrezept Seite 52
1 Heller Biskuit nach Grundrezept Seite 54
Holundermarmelade zum Bestreichen
FÜR DIE CREME:
2 Eier · 100 ml Holundersaft · 2 Spritzer Zitronenextrakt
abgeriebene Schale von 1 Zitrone · 150 g Zucker
150 g Butter (keine Margarine nehmen!)
FÜR DEN BAISER:
3 Eiweiß · 150 g Zucker · 40 g gehobelte Haselnüsse
etwas Puderzucker zum Bestäuben

1. Für die Holundercreme alle Zutaten in einem Topf aufkochen. Vom Herd nehmen und abkühlen lassen.

2. Den Mürbeteigboden mit Holundermarmelade bestreichen, einen Tortenring darumlegen, den Biskuitboden zweimal durchschneiden, eine Scheibe auf den Mürbeteigboden legen. Mit der Hälfte der erkalteten Creme bestreichen, ohne daß etwas davon über den Tortenrand gerät. Die zweite Scheibe auflegen und mit der restlichen Creme bestreichen. Darauf die dritte Scheibe legen. Torte eine Stunde kühl stellen. Backofen auf 160°C vorheizen.

3. Für den Baiser Eiweiß mit Zucker steif schlagen. Torte von allen Seiten damit einstreichen, mit einer Gabel Wellen durch die Masse ziehen. Mit den gehobelten Haselnüssen bestreuen.

4. Die Torte 15–20 Minuten überbacken. Vor dem Servieren kann man sie mit Puderzucker besieben.

Holunder–Baisertorte

1. Holundermus und -saft zusammen mit Vanillezucker und Zitronenextrakt in einem Topf zum Kochen bringen. Speisestärke mit etwas kaltem Wasser anrühren, den kochenden Holunderbrei damit binden.

2. Den Mürbeteigboden mit Marmelade bestreichen, den Biskuitboden aufsetzen und einen Tortenring umlegen.

3. Die Holundermasse auf den Boden streichen und die Torte mindestens 1 Stunde kalt stellen.

4. Inzwischen für den Baiser das Eiweiß mit der Hälfte des Zuckers steif schlagen. Zum Schluß den restlichen Zucker unterrühren. Den Backofen auf 160 °C vorheizen.

5. Die Torte aus der Form lösen, Baisermasse gleichmäßig auf die fest gewordene Holundermasse streichen. Mit einer Gabel über die ganze Torte verteilt kleine Nasen aus dem Baiser zupfen. Mit einem Messerrücken von der Mitte nach außen tiefe Kerben in den Baiser ziehen, um 12–16 Tortenstücke zu markieren, damit er später beim Schneiden nicht zu sehr bricht.

6. Die Torte etwa 30 Minuten backen.

Holunder-Punschkranz

FÜR DEN KRANZ:
1 dünner Mürbeteigboden nach Grundrezept Seite 52
1 Heller Biskuit nach Grundrezept Seite 54
FÜR DIE FÜLLUNG:
6 Blatt Gelatine
3 Eigelb
50 g Zucker · 20 ml Rum
20 ml Holunderlikör
50 g Schokoladenraspel · 500 ml Sahne
100 g Nußkrokant
FÜR DIE GARNIERUNG:
200 ml Sahne
1 Blatt Gelatine
geraspelte Vollmilchschokolade
AUSSERDEM:
Puderzucker
etwas Holundermarmelade zum Bestreichen

1. Aus dem ausgerollten Mürbeteig mit der Kranzform einen passenden Boden ausstechen. Den Boden auf ein ungefettetes Backblech legen und bei 180°C goldgelb backen.

2. Anschließend den nach Grundrezept hergestellten Biskuitteig in die Kranzform füllen und 40 Minuten backen.

3. Für die Füllung Gelatine in kaltem Wasser einweichen. Eigelbe mit Zucker und einem Schneebesen im heißen Wasserbad aufschlagen. Ausgedrückte Gelatine in der warmen Masse auflösen (sie darf aber keinesfalls kochen!).

4. Jetzt Rum, Holunderlikör und Schokoladenraspel in die Masse rühren und die Creme etwas abkühlen lassen.

5. Sahne steif schlagen und darunterziehen, Krokant untermischen.

6. Um die Torte zu füllen, benötigen Sie noch einmal Ihre Kranzform. Zuerst die Form einfetten, dann mit Puderzucker ausstäuben. Den erkalteten Biskuitkranz drei- bis viermal durchschneiden, die Böden abwechselnd mit der Füllung in den Kranz schichten, danach den Kranz für mindestens 2 Stunden kalt stellen.

7. Den Mürbeteigboden dünn mit Holundermarmelade bestreichen und auf die obere Biskuitschicht legen. Torte auf eine Kuchenplatte stürzen und aus der Form lösen.

8. Sahne steif schlagen und die aufgelöste Gelatine darunterziehen. Die Sahne mit einem Pinsel auf die Torte streichen und diese dann mit Schokoladenraspeln bestreuen.

Herbsttorte

1. Für die Creme die Gelatine in kaltem Wasser einweichen.

2. Holundersaft, Rum und Zitronensaft erhitzen. Puddingpulver mit etwas Wasser und Eigelbe verrühren, in die Flüssigkeit mischen und aufkochen.

3. Gelatine ausdrücken, unter Rühren in der nicht mehr kochenden Flüssigkeit auflösen. Abgeriebene Zitronenschale unterrühren.

4. Mürbeteigboden dünn mit Holundermarmelade bestreichen, mit einer Biskuitscheibe abdecken und einen Tortenring herumlegen.

5. Sahne steif schlagen, dabei nach und nach den Zucker einrieseln lassen. Die Sahne unter die abgekühlte Masse heben.

6. So viel von der Sahnecreme in ein Schälchen geben, wie sie später zum Bestreichen des Randes benötigt wird und kühl (aber nicht im Kühlschrank) aufbewahren. Die Hälfte der übrigen Creme auf die Torte streichen, die zweite Biskuitscheibe auflegen, die restliche Creme darauf verteilen und die Torte für mindestens 1 Stunde kalt stellen.

7. Die Torte aus dem Ring lösen, den Tortenrand mit der restlichen Sahne bestreichen und mit gerösteten Mandelblättchen bestreuen. Dann die obere Seite der Torte abwechselnd mit grünen und blauen halbierten Weintrauben ringförmig belegen, so daß sie ganz voller Trauben ist.

8. Das Holundergelee mit dem Rum verrühren, erwärmen und die Trauben noch warm damit bestreichen.

Buchweizentorte mit Holundersahne

FÜR DEN UNTERBODEN:
1 dünner Mürbeteigboden nach Grundrezept Seite 52
FÜR DEN BUCHWEIZENBODEN:
4 Eier · 150 g Zucker
1 Prise Salz
1 Päckchen Vanillezucker
80 g Buchweizenmehl
1 EL Speisestärke
1 EL Instant-Kaffeepulver
Holundermarmelade
FÜR DIE FÜLLUNG:
6–8 Blatt Gelatine
220 g süßes Holundermus
500 ml Sahne
ZUM GARNIEREN:
3 Blatt Gelatine · 400 ml Sahne
1 Päckchen Vanillezucker
125 g süßes Holundermus
Haselnußkrokant

1. Den Backofen auf 180 °C vorheizen.

2. Eier trennen und Eigelb mit 100 g Zucker, Salz und Vanillezucker schaumig rühren. Eiweiß mit restlichem Zucker zu steifem Schnee schlagen.

3. Buchweizenmehl und Speisestärke unter die Eigelbmasse rühren, Kaffeepulver unterziehen, Eischnee unterheben.

4. Den Boden einer Springform mit Backpapier auslegen, Teig einfüllen und auf der mittleren Schiene etwa 30 Minuten backen.

5. Die Gelatine für die Füllung einweichen.

6. Den erkalteten Buchweizenboden zweimal durchschneiden. Den Mürbeteigboden dünn mit Holundermarmelade bestreichen, einen Buchweizenboden auflegen, leicht andrücken und einen Tortenring um den Boden stellen.

7. Gelatine ausdrücken, auflösen und unter das Holundermus ziehen. Kalt stellen.

8. Sahne steif schlagen und, sobald die Holunderbeermasse Bahnen zieht, die Sahne unterheben. Torte mit der Holundermasse füllen und bis zum Servieren kalt stellen.

9. Zum Verzieren Gelatine einweichen, ausdrücken und auflösen.

10. Sahne mit Vanillezucker steif schlagen, Gelatine darunterziehen, Torte ganz mit Sahne einstreichen. Die oberste Lage der Torte anschließend noch mit püriertem Holundermus bestreichen, den Rand mit Haselnußkrokant bestreuen.

Holunder–Kirschkuchen

FÜR DEN TEIG:
100 g Zartbitterschokolade
4 Eier
1 Prise Salz
100 g Puderzucker
75 g gehackte Haselnüsse
50 g Kokosflocken
60 g Mehl
FÜR DEN BELAG:
1 Glas Schattenmorellen
500 ml Holunderkompott
2 Päckchen Tortenguß
Schlagsahne zum Verzieren

1. Für den Teig die Schokolade raspeln und die Eier trennen. Den Backofen auf 175 °C vorheizen.

2. Eiweiß mit 1 Prise Salz steif schlagen, Puderzucker dazusieben und weiterschlagen, bis der Eischnee steif ist.

3. Eigelbe unterrühren, Schokolade, Nüsse, Kokosflocken und Mehl vorsichtig mit einem Schneebesen unterheben.

4. Den Teig in eine mit Backpapier ausgelegte quadratische Form mit hohem Rand (etwa 26 x 26 cm) füllen und glatt streichen.

5. Im vorgeheizten Backofen etwa 20–30 Minuten backen.

6. Das Papier entfernen, den Teig erkalten lassen und wieder in die Form geben.

7. Für den Belag die Kirschen gut abtropfen lassen, dabei den Saft auffangen. Die Früchte auf dem Kuchen verteilen.

8. Das Holunderkompott zusammen mit dem Saft der Kirschen und dem Tortenguß erhitzen, kurz kochen (siehe Anleitung auf der Tüte), die entstandene Masse von der Mitte aus heiß über die Kirschen gießen, abkühlen lassen, dann für mindestens 3 Stunden in den Kühlschrank stellen, damit sich der Guß verfestigen kann.

9. Vor dem Servieren den Kuchenrand mit Sahne bestreichen.

Tip: Den Kuchen möglichst frisch servieren, weil durch zu langes Stehen der Boden aufweicht. Um Durchsaften zu vermeiden, kann man den Boden auch mit großen Oblaten auslegen.

Holunder–Vollkorntorte

1. Den Backofen auf 175 °C vorheizen. Die Eier trennen und Eigelb mit Honig und heißem Wasser schaumig rühren.

2. Das Eiweiß nicht zu fest schlagen und unter das Eigelb heben. Das mit Backpulver vermischte Mehl darunterziehen.

3. Den Teig in eine mit Backpapier ausgelegte Springform füllen und 40 Minuten backen. Die Gelatine für die Füllung einweichen.

4. Sahne steif schlagen, den Holundersaft erwärmen und die Gelatine darin auflösen.

5. Ein Drittel der Sahne unter das Holundermus rühren, dann vorsichtig die Gelatine einrühren und anschließend die restliche Sahne darunterziehen.

6. Den erkalteten Boden zwei- bis dreimal durchschneiden. Die Scheiben abwechselnd mit der Hollersahne in einen Tortenring schichten. Die oberste Scheibe nicht bestreichen.

7. Die gefüllte Torte mindestens 1 Stunde kalt stellen. Vor dem Servieren mit Puderzucker bestäuben, darüber geröstete Mandelblättchen verteilen und nochmals Puderzucker darübersieben.

Holundersekt und -blütensirup (Rezepte Seite 47 und 49)

Holunder–Joghurttorte

FÜR DEN TORTENBODEN:
1 dünner Mürbeteigboden *nach Grundrezept Seite 52*
1 Schokoladenbiskuit *nach Grundrezept Seite 53*
FÜR DIE FÜLLUNG:
4 Blatt Gelatine
300 g Vollmilchjoghurt
1 Schnapsglas Holunderlikör
200 g süßes Holundermus
1 Schnapsglas ausgepreßter Zitronensaft
4 EL Zucker
400 ml Sahne
¹/₂ Glas Holundermarmelade
ZUM GARNIEREN:
3 Blatt Gelatine
400 ml Sahne
Schokoraspel

1. Für die Füllung die Gelatine in kaltem Wasser einweichen.

2. Joghurt in eine Schüssel geben, den Holunderlikör, 100 g vom Holundermus und den Zitronensaft unterrühren.

3. 4 EL Zucker in die Joghurtmasse rühren, Sahne ohne Zucker steif schlagen. Gelatine nach Anleitung auflösen.

4. Ein Drittel der Sahne in die Joghurtmasse einrühren. Danach Gelatine und den Rest der Sahne zügig unterziehen.

5. Den inzwischen ausgekühlten Mürbeteigboden messerrückendick mit der Holunderkonfitüre bestreichen. Einen Tortenring um den Boden legen. Den Schokoladenbiskuit zwei- bis dreimal durchschneiden, den untersten Boden leicht auf den Mürbeteigboden drücken.

6. Im Tortenring nun abwechselnd Joghurtmasse und Biskuitböden aufeinanderschichten, wobei die oberste Schicht aus Creme bestehen sollte.

7. Die verbliebenen 100 ml Holundermus in kleinen Portionen auf der letzten Joghurtschicht verteilen und mittels einer Gabel vorsichtig durchziehen (vermischen), so daß eine Marmorierung entsteht.

8. Die Torte für mindestens 2 Stunden kalt stellen, danach aus dem Ring lösen.

9. Zum Garnieren die Gelatine nach Vorschrift auflösen. Die Sahne steif schlagen und die Gelatine untermischen.

10. Mit der Sahne den Tortenrand verzieren und Sahnetupfer auf den oberen Rand setzen, danach mit Schokoladenraspeln bestreuen.

Holunder–Quarkspitz-Torte

FÜR DEN MÜRBETEIG:
200 g Mehl
1 TL Backpulver
70 g Puderzucker
1 Päckchen Vanillezucker
1 Prise Salz
3 Tropfen Zitronenbacköl
1 Ei
100 g Butter
FÜR DEN BELAG:
2 Eigelb
500 g Quark
$^1/_2$ Tasse Sonnenblumenöl
100 g Zucker
1 Päckchen Vanillepudding
je 100 ml Milch und Sahne
200 ml Holundersaft
1 Schnapsglas Holunderlikör
1 Prise Salz
5 Tropfen Zitronenbacköl
FÜR DEN BAISER:
2 Eiweiß
80 g Zucker
2 TL Holundersaft

1. Mehl und Backpulver auf den Tisch sieben, in die Mitte eine Vertiefung drücken, dahinein Puderzucker, Vanillezucker, Salz und Backöl geben.

2. Das Ei auf den Zucker schlagen, mit den Fingern Ei, Zucker und Gewürze verrühren.

3. Einen Teil des Mehles von der Seite über die Mitte heben, so daß die Ei-Zuckermasse vom Mehl bedeckt wird.

4. Die Butter in Flöckchen schneiden und über das Mehl verstreuen.

5. Alle Zutaten von der Seite her verkneten.

6. Den Teig für mindestens 1 Stunde kalt stellen.

7. Den Backofen auf 180°C vorheizen. Den Teig ausrollen und eine Springform damit auslegen. Den Teig dabei am Rand hochziehen.

8. Für den Belag alle Zutaten miteinander verrühren, die cremige Masse (sie ist sehr flüssig, bekommt aber beim Backen eine feste Beschaffenheit) in die Springform füllen.

9. Den Kuchen im vorgeheizten Backofen 50 Minuten auf der mittleren Schiene backen.

10. Wenn etwa 40 Minuten der Backzeit vergangen sind, das Eiweiß mit dem Zucker steif schlagen, dann den Holundersaft zufügen und nochmals kurz durchschlagen.

11. Nach Beendigung der Backzeit Kuchen aus dem Ofen nehmen, die Baisermasse auf den Kuchen streichen und weitere 25 Minuten backen.

12. Nach 25 Minuten den Ofen abschalten und den Kuchen im ausgeschalteten Backofen nachtrocknen lassen.

Holunder–Sahnetorte

1 dünner Mürbeteigboden nach Grundrezept Seite 52

2 Scheiben Heller Biskuit nach Grundrezept Seite 54

FÜR DIE FÜLLUNG:

10 Blatt Gelatine

3 Eigelb

$^1/_2$ Tasse Milch

120–150 g Zucker

1 Prise Salz

etwas Zitronenaroma

500 g Quark · 500 ml Sahne

etwas Holundermarmelade

250 g süßes Holundermus

ZUM GARNIEREN:

200 ml Sahne

$^1/_2$ Päckchen Vanillezucker

2 Blatt Gelatine

2 TL Puderzucker, gemischt mit 1 TL Kaba

6 kandierte Kirschen

1. Die Gelatine in Wasser einweichen.

2. Die Eigelbe in einem mittelgroßen Kochtopf mit der Milch verrühren. Dann Zucker, Salz und Zitronenaroma zugeben. Bei schwacher Hitze – am besten im Wasserbad – aufschlagen. Die Creme soll heiß werden, darf aber nicht kochen. Sobald die Creme den Kochlöffel dicklich überzieht, den Topf vom Herd nehmen.

3. Gelatine ausdrücken und unter die Eigelbmasse rühren.

4. Die Creme in eine größere Schüssel füllen und den Quark unterrühren. Sahne steif schlagen, unter die abgekühlte Masse ziehen und erkalten lassen.

5. Den Mürbeteigboden mit Holundermarmelade bestreichen, einen Biskuitboden auflegen und einen Tortenring umlegen.

6. Das Holundermus auf dem Biskuitboden verteilen, darauf die Quarkmasse gießen und glatt streichen. Den zweiten Boden auf den Quark legen und die Torte für mehrere Stunden kalt stellen.

7. Für die Garnierung 2 Blatt Gelatine einweichen.

8. Den Tortenring abnehmen. 200 ml Sahne mit Vanillezucker steif schlagen und die aufgelöste Gelatine unterrühren. Dann Tortenoberseite und -rand mit der Sahne bestreichen, die Torte mit dem Puderzucker-Kaba-Gemisch bestäuben und am Rand mit halbierten Kirschen verzieren.

Gewürzkuchen

Für den Teig:
175 g Margarine
225 g Zucker
1 Päckchen Vanillezucker
4 Eier · 1 Msp Salz
$^3/_4$ TL gemahlene Nelken
etwas geriebene Muskatnuß
1 $^1/_2$ gestrichene TL gemahlener Zimt
1 Päckchen Schokoladenpuddingpulver
300 g Weizenmehl
4 gestrichene TL Backpulver
2 EL Milch
100 g geriebene Schokolade
Zum Verfeinern:
gut $^1/_8$ l Holundersaft
5 EL Zucker
2 Schnapsgläser Rum
Holundergelee
100 g Puderzucker
ca. 2 EL Holunderlikör oder
ersatzweise Holundersaft

1. Das Fett schaumig rühren, Zucker, Vanillezucker, Eier und Gewürze zugeben. Den Backofen auf 200°C vorheizen.

2. Puddingpulver, Mehl sowie Backpulver mischen und eßlöffelweise unterrühren, dann Milch zugeben.

3. Eine Springform fetten, den Teig einfüllen und ca. 60 Minuten backen.

4. Den fertigen Kuchen auskühlen lassen, aus der Springform nehmen und einmal quer durchschneiden.

5. Den Holundersaft mit dem Zucker erhitzen, dann vom Herd nehmen, den Rum zugießen und mit der Flüssigkeit die beiden Böden tränken.

6. Den unteren Boden mit dem Gelee bestreichen, den oberen Boden draufsetzen.

7. Den Puderzucker mit wenig Holunderlikör bzw. -saft anrühren, damit ein zähflüssiger Brei daraus wird. Mit dem so entstandenen Zuckerguß den Kuchen bestreichen.

Tip: Wenn Sie den Kuchen für besondere Gelegenheiten festlich verzieren wollen, stellen Sie 12 Holunder-Baisers her (siehe Rezept Seite 80) – nicht zu groß und mit einer Haselnuß obendrauf – und verzieren sie damit den oberen Rand des Kuchens, nachdem Sie ihn mit Zuckerguß bestrichen haben.

Linzertorte mit Holundermarmelade

200 g Mehl
1 TL Backpulver
125 g Zucker
1 Vanillezucker
2 Tropfen Bittermandelbacköl
1 Msp gemahlene Nelken
1 gestrichener TL Zimt
1 Ei · 125 g Margarine
125 g gemahlene Haselnüsse
Holundermarmelade
1 TL Milch

1. Mehl und Backpulver auf den Tisch sieben, in die Mitte eine Vertiefung drücken, dahinein Zucker und Gewürze geben.

2. Das Ei trennen. Das Eiweiß und die Hälfte des Eigelbs ebenfalls in die Vertiefung geben und mit den Fingern Ei, Zucker und Gewürze vermengen.

3. Einen Teil des Mehles von der Seite über die Mitte heben, so daß die Ei-Zuckermasse vom Mehl bedeckt wird.

4. Die Margarine in Flöckchen schneiden und über das Mehl verteilen.

5. Die gemahlenen Haselnüsse darüberstreuen, dann alle Zutaten von der Seite her verkneten.

6. Den Teig teilen (eine Hälfte etwas größer als die andere) und kalt stellen.

7. Den Backofen auf 200°C vorheizen. Die größere Hälfte des Teiges ausrollen und damit den Boden einer gefetteten Springform belegen.

8. Den Boden mit der Holundermarmelade bestreichen. Darauf achten, daß am Rand etwa 1 cm frei bleibt.

9. Die andere Hälfte des Teiges nicht zu dünn ausrollen und in Streifen schneiden, damit den Boden gitterförmig belegen.

10. Den Rest des Eigelbs mit 1 TL Milch verquirlen und damit das Gitter bestreichen.

11. Im vorgeheizten Ofen etwa 30 Minuten goldbraun backen.

Schokoladen–Nußkuchen mit Holunderfüllung

FÜR DEN KUCHEN:

150 g Zartbitter- oder Blockschokolade

250 g Butter · 200 g Zucker

2 Päckchen Vanillezucker

6 Eier (getrennt)

150 g gemahlene Haselnüsse

200 g Mehl

50 g Speisestärke

1 TL Backpulver

1 Päckchen Schokopuddingpulver

2 EL Holunderlikör

1 Prise Salz

Butter und Semmelbrösel für die Form

Puderzucker zum Besieben

FÜR DIE FÜLLUNG:

2 EL Zucker

gut $^{1}/_{8}$ l Holundersaft

2 Schnapsgläser Holunderlikör

Holundergelee oder -marmelade zum Bestreichen

1. Die Schokolade reiben.

2. Butter, Zucker und Vanillezucker cremig rühren. Die Eigelbe nacheinander einrühren, bis die Masse schaumig ist. Das Eiweiß gleich in das Gefäß zum Aufschlagen geben und beiseite stellen.

3. Den Backofen auf 180 °C vorheizen.

4. Die Haselnüsse mit Mehl, Schokolade, Speisestärke, dem Back- und Puddingpulver vermengen und alles eßlöffelweise mit dem Likör unter die Schaummasse ziehen.

5. Das Eiweiß mit dem Salz steif schlagen und vorsichtig unter die Masse heben.

6. Eine Napfkuchenform gut buttern und mit Semmelbröseln ausstreuen, dann den Teig einfüllen und mit einem Teigschaber glatt streichen.

7. Auf mittlerer Schiene etwa 1 Stunde backen.

8. Den heißen Kuchen auf ein Gitter stürzen und auskühlen lassen. Erst nach dem völligen Erkalten (am besten über Nacht) einmal quer durchschneiden.

9. Den Holundersaft mit dem Zucker erhitzen, dann vom Herd nehmen, den Holunderlikör zugießen und die beiden Kuchenteile mit der Flüssigkeit tränken.

10. Den unteren Teil mit dem Gelee bestreichen, den oberen daraufsetzen.

11. Vor dem Servieren mit Puderzucker besieben.

Plätzchen und Teilchen

Holunder-Baisers

Für ca. 20 Stück:
2 kalte Eiweiß
120 g feinkörniger Zucker
2 TL Holundersaft
bunte Zuckerstreusel zum Verzieren

1. Eiweiß in einer Schüssel mit den Schneebesen des Handrührgerätes sehr steif schlagen.

2. Zwei Drittel der Zuckermenge unter ständigem Schlagen einrieseln lassen. Den Holundersaft zufügen und restlichen Zucker unterschlagen (er soll sich nicht ganz lösen).

3. Ein Backblech mit Backpapier auslegen. Den Backofen auf 100 °C vorheizen.

4. Die Masse in einen Spritzbeutel mit Sterntülle füllen und kleine Kringel darauf spritzen.

5. Mit Zuckerstreuseln verzieren und im vorgeheizten Backofen auf der zweiten Schiene von unten ca. 50 Minuten trocknen lassen.

Tip: Mit den übriggebliebenen Eigelben können Sie Feine Lieblingsplätzchen (siehe nächstes Rezept) backen.

Feine Lieblingsplätzchen

Für ca. 40 Stück:
250 g Butter
125 g Puderzucker
1 Msp Salz
1 Eigelb
400 g Mehl
Holundergelee zum Füllen
Puderzucker zum Bestäuben
etwas Butter zum Fetten des Backblechs

1. Butter, Zucker, Salz und Eigelb zu einem glatten Teig verrühren, dann das Mehl darunterkneten. Kurz kühl ruhen lassen.

2. Den Backofen auf 200 °C vorheizen.

3. Das Backblech mit Butter bestreichen oder mit Backpapier auslegen.

4. Den Teig mäßig dünn ausrollen, runde Plätzchen ausstechen und ca. 15 Minuten backen.

5. Je ein abgekühltes Plätzchen mit Holundergelee bestreichen, ein anderes Plätzchen daraufsetzen und mit Puderzucker bestreuen.

Feine Mürbeteigsternchen

Für ca. 40 Plätzchen:

300 g Weizenmehl · 200 g Butter · 100 g Zucker

90 g geriebene ungeschälte Mandeln

je 1 Msp gemahlene Nelken, Zimt und Kardamom

AUSSERDEM:

Mehl zum Ausrollen

100 g Puderzucker zum Bestreuen

Holundermarmelade zum Bestreichen

1. Das Backblech mit Backpapier auslegen.

2. Das Mehl auf ein Backbrett schütten. Die kalte Butter in Flöckchen dazugeben; Zucker, Mandeln und Gewürze darüber streuen.

3. Die Zutaten zuerst mit zwei Messern zerhacken, dann mit beiden Händen schnell zu einem glatten Teig verkneten und diesen 30 Minuten kalt stellen.

4. Den Backofen auf 180 °C vorheizen.

5. Den Teig auf einem bemehlten Backbrett messerrückendick ausrollen und mit einer Form Sterne ausstechen. In die Hälfte der Sterne in die Mitte ein kleines Loch stechen, beispielsweise mit einem Apfelentkerner.

6. Die Plätzchen auf das Backblech legen und auf der mittleren Schiene des Backofens in 10–15 Minuten goldgelb backen.

7. Die Sternchen mit der ausgestochenen Mitte mit Puderzucker übersieben, die übrigen mit Holundermarmelade bestreichen. Die gezuckerten Sterne auf die mit Marmelade bestrichenen setzen.

Najees Blätterteigeckchen

Dieses Rezept stammt von Najee, meinem kleinen niederländischen Freund.

Für 12 Stück:
1 Paket Blätterteig aus der Gefriertruhe
1 Glas süßes Holunderkompott (ersatzweise Holundermarmelade)
1 Ei

1. Die Blätterteigplatten auftauen lassen und einmal durchschneiden. Den Ofen auf 200°C vorheizen.

2. Auf je ein Dreieck der so entstandenen Quadrate mit einem Löffelchen Holunderkompott geben (etwa 2 cm Rand frei lassen), die Ränder mit kaltem Wasser bepinseln und die Teigplatten über Eck zuklappen, so daß Dreiecke entstehen.

3. Die Ränder mit einer Gabel zudrücken und anschließend mit verschlagenem Ei bestreichen. Auf ein kalt abgespültes Blech legen und in 20–25 Minuten goldbraun backen.

Holundertörtchen

FÜR DEN TEIG:
125 g zimmerwarme Butter
125 g Zucker · 1 Päckchen Vanillezucker
$^1/_2$ TL gemahlener Zimt · Salz
3 Eier · 100 g Mehl
75 g Speisestärke
1 TL Backpulver
2 EL Milch · Fett für die Form
FÜR DIE FÜLLUNG
1 Päckchen Tortenguß
$^1/_4$ l Holundersaft
beliebiges süßes Holundermus
Sahne zum Verzieren

1. Die weiche Butter mit Zucker, Vanillezucker, Zimt und Salz mit dem Handrührgerät sehr cremig schlagen.

2. Die Eier nacheinander unterrühren. Nach jedem Ei 1 Minute weiterrühren. Den Backofen auf 175 °C vorheizen.

3. Das Mehl mit Stärke und Backpulver sieben und mit der Milch unter den Teig rühren.

4. Den Teig in 8 gefettete Tarteförmchen (Durchmesser 10 cm) füllen und im vorgeheizten Backofen auf der zweiten Schiene von unten 25 Minuten backen.

5. Tortenguß nach Vorschrift mit Holundersaft zubereiten.

6. Holundermus auf die Törtchen verteilen, den Tortenguß darüber gießen. Nach dem Festwerden mit Sahnehäubchen versehen.

Holundersorbet im Glas (Rezept Seite 98)

Alte Bauernweisheit:

Während der Holunderblüte lügt das Barometer.

Süße Gerichte und Nachspeisen

Holunderkaltschale

Mit frischem Holunder!
1 kg Holunderbeeren
³/₄ l Wasser · 1 Stück Zimtstange
2–3 Nelken · 80 g Zucker
25 g Stärkemehl · etwas Rotwein

1. Die Holunderbeeren waschen, entstielen und mit Wasser, Gewürzen und Zucker zum Kochen bringen. Nach 5–10 Minuten Kochzeit durch ein Sieb streichen.

2. Das Fruchtmark wieder zum Kochen bringen, das Stärkemehl mit Wein oder etwas Wasser anrühren und das Fruchtmark damit binden. Noch mal gut aufkochen, abschmecken und nach Belieben mit Wein verbessern.

Tip: Die Holunderkaltschale kann auch heiß serviert werden!

Holunderblüten-Buttermilch-Schale

Mit frischen Holunderblüten!
10 große Holunderblütendolden
1 ½ l Buttermilch · 1 unbehandelte Zitrone
1 Päckchen Vanillesaucenpulver
80 g Zucker · etwas Zitronensaft
½ Becher Schlagsahne (100 g)
ZUM BESTREUEN:
Holunderblüten · 1 Prise gemahlener Zimt

1. Die Blütendolden abspülen und auf einem Küchentuch trocknen lassen.

2. Die Buttermilch in einen Topf gießen, die Dolden in die Buttermilch tauchen, so daß die Stengel noch herausschauen und etwa 1 Stunde ziehen lassen.

3. Zitrone heiß waschen und die Schale sehr fein und spiralförmig abschälen.

4. Dolden aus der Buttermilch nehmen, gut ausschütteln und zum Abtropfen auf ein Sieb legen.

5. Zitronenschale, Vanillesaucenpulver und Zucker in die Buttermilch rühren und langsam unter Rühren aufkochen. Suppe vom Herd nehmen und mit etwas Zitronensaft abschmecken.

6. Die Suppe in Teller füllen, flüssige Sahne hineingießen, zum Verzieren Holunderblüten und etwas Zimt darüberstreuen.

Tip: Die Holunderblüten-Buttermilch-Schale kann warm oder kalt serviert werden – ich persönlich bevorzuge sie kalt.

Holundersuppe mit Schwänchen

Mit frischen Holunderblüten!

1 l Milch

4 große Holunderblütendolden

abgeriebene Schale von $^1/_2$ unbehandelten Zitrone

60 g Zucker

2 EL Weizenpuder
(sehr feines Mehl aus dem Reformhaus)

3 Eier

1 Päckchen Vanillezucker

Zimtzucker

1. Die Milch aufkochen, die Holunderblütendolden 5 Minuten in der Milch kochen. Nach der Kochzeit die Milch durch ein Sieb gießen.

2. Die Holundermilch zusammen mit der abgeriebenen Zitronenschale und dem Zucker nochmals aufkochen und mit dem kalt angerührten Weizenpuder binden.

3. Die Eier trennen und die Suppe mit den Eidottern legieren.

4. Das Eiweiß zu steifem Schnee schlagen, dabei den Vanillezucker zugeben. Der Eischnee muß schnittfest sein. Mit einem Teelöffel Klößchen abstechen und in einem Topf mit siedendem, also nur beinahe kochendem Wasser 5 Minuten fest werden lassen.

5. Die Suppe auf Teller verteilen, mit Zimtzucker bestreuen und die Eiweißschwänchen aufsetzen.

Holundersuppe mit Birnen und Pflaumen

1 l Holundersaft
100 g Zucker
5 Gewürznelken
1 Zimtstange
abgeriebene Schale von 1 unbehandelten Zitrone
12 Pflaumen
3 Birnen
2 EL Stärkemehl
etwas Zitronensaft
1 Eiweiß
1 Vanillezucker

1. Den Saft mit Zucker, Gewürznelken, Zimtstange und der Zitronenschale aufkochen.

2. Die Pflaumen halbieren und entkernen, die Birnen in Spalten schneiden und vom Kernhaus befreien. Das Obst 10 Minuten in der Suppe garen.

3. Stärkemehl mit etwas kaltem Wasser anrühren, die Suppe damit binden und mit Zitronensaft abschmecken.

4. Eiweiß steif schlagen, Vanillezucker einrühren, Eischneetupfer auf die heiße Suppe setzen und servieren.

Holundersuppe mit Äpfeln und Grießklößchen

Mit frischem Holunder!

FÜR DIE SUPPE:

2 unbehandelte Äpfel

Zitronensaft und unbehandelte -schale

500 g Holunderbeeren

2 EL Sago

etwas Zucker

1 Schuß Rum

FÜR DIE GRIESSKLÖSSCHEN:

$^{1}/_{4}$ l Milch

30 g Butter

etwas abgeriebene unbehandelte Zitronenschale

75 g Grieß · 1 Ei

Salz · Zucker

1. Die Äpfel waschen, schälen, die Apfelschalen beiseite legen und die Früchte in dünne Scheiben schneiden. Sofort mit Zitronensaft beträufeln.

2. Für die Grießklößchen Milch mit Butter und Zitronenschale aufkochen. Grieß hineinrühren, von der Herdplatte nehmen und etwas abkühlen lassen.

3. Die Holunderbeeren mit einer Gabel von den Dolden streifen, mit den klein geschnittenen Apfel- und Zitronenschalen in 1 l Wasser 5 Minuten kochen.

4. Den Saft durch ein Sieb gießen, die Früchte durch das Sieb in den Saft streichen.

5. Jetzt für die Klößchen Salzwasser aufsetzen und Ei, Salz und Zucker unter die Grießmasse mischen.

6. Den Holunder-Apfel-Saft nochmals aufkochen, unter Rühren Sago einstreuen und bei geringer Hitze weitere 15 Minuten kochen lassen.

7. Klößchen aus der Grießmasse stechen und in das kochende Salzwasser geben, die Nocken bei geringer Hitze garziehen lassen.

8. Apfelscheiben in die Holunder-Apfel-Suppe geben und ebenfalls garziehen lassen.

9. Die Suppe mit Zucker und Rum abschmecken, zusammen mit den Grießklößchen anrichten und servieren.

Topfenknödel auf Holunderkompott

30 g Korinthen
250 g Magerquark (Topfen)
2 EL Crème fraîche
100 g Weichweizengrieß
2 Eier · 1 EL weiche Butter · 50 g Zucker
abgeriebene Schale von 1 Zitrone
etwas Salz
1 Glas Holunderkompott
2 EL Vanillezucker

1. Die Korinthen waschen und gut abtropfen lassen.

2. Den Quark in einem Küchentuch in drei Portionen gut ausdrücken, er soll möglichst trocken sein.

3. Crème fraîche, Grieß, Eier, Butter, Zucker, die Zitronenschale und 1 Prise Salz unter den Quark rühren, dann die Korinthen untermischen. Den Quark 30 Minuten ruhen lassen.

4. In einem breiten Topf 2 l Salzwasser zum Kochen bringen, mit zwei Eßlöffeln etwa 12 Knödel vom Teig abstechen, diese ins siedende Salzwasser legen und in 10–12 Minuten gar ziehen (nicht kochen) lassen.

5. Das Holunderkompott auf vier Teller verteilen, die Topfenknödel mit der Schaumkelle aus dem Wasser nehmen, auf dem Holunderkompott anrichten, mit Vanillezucker bestreuen und servieren.

Tip: Wollen Sie die Topfenknödel als Hauptgericht servieren, reicht die Menge für 2 Personen, ansonsten wie immer für 4.

Holunder–Rahmschmarren

2 EL Pinienkerne
100 g Mehl
100 g saure Sahne · $^1/_8$ l Milch · 3 Eier
2 EL Zucker und Puderzucker zum Bestäuben
1 Prise Salz
abgeriebene Schale von $^1/_2$ unbehandelten Zitrone
150 g beliebiges Holundermus (je nach Geschmack süß oder ungesüßt)
100 g Butter
Puderzucker zum Bestäuben

1. Die Pinienkerne bei mittlerer Hitze in einer beschichteten Pfanne ohne Fett goldbraun rösten.

2. Das Mehl mit der sauren Sahne und der Milch verrühren.

3. Die Eier trennen, Eigelbe, Zucker, Salz und Zitronenschale dazugeben und alles zu einer glatten Masse verrühren. Danach den Teig etwas ruhen lassen.

4. Das Eiweiß zu schnittfestem Schnee schlagen und mit dem Holundermus und den Pinienkernen unter den Teig heben.

5. Den Teig in zwei Portionen zu Schmarren verarbeiten. Dazu die Hälfte der Butter in einer großen Stielpfanne erhitzen, die Hälfte des Teiges hineingießen und bei mittlerer Hitze goldbraun backen. Dann den Pfannkuchen wenden und auf der zweiten Seite ebenfalls hellbraun backen – pro Seite etwa 5 Minuten.

6. Die fertigen Pfannkuchen auf einer Platte mit zwei Gabeln in Stücke zerteilen, mit Puderzucker bestäuben und servieren.

Pfannkuchen mit Holunderkaramel

FÜR DIE KARAMELMASSE:
300 ml Sahne
100 ml Holundersaft
60 g Butter
110 g Zucker
3 EL Holunderlikör
1 ML (1 g) Johannisbrotkernmehl
FÜR DEN PFANNKUCHENTEIG:
250 g Mehl
1 Msp Salz
$^1/_2$ l Milch
3 Eier
Fett zum Ausbacken
Puderzucker zum Bestreuen

1. Für den Holunderkaramel Sahne und Holundersaft abmessen und bereitstellen.

2. Die Butter in einem Topf erhitzen, den Zucker darin unter ständigem Rühren goldbraun werden lassen.

3. Sahne und Holundersaft angießen und unter Rühren 10 Minuten lang einkochen.

4. Gegen Ende der Kochzeit den Holunderlikör und das Johannisbrotkernmehl einrühren, noch etwas köcheln lassen und in eine kleine Schüssel füllen.

5. Während die Karamelsauce etwas abkühlt, die Pfannkuchen zubereiten. Das Mehl in eine Schüssel geben und salzen.

6. Nach und nach etwas Milch und Eier von der Mitte aus in die Mehlgrube einrühren.

7. Teig mit restlicher Milch glatt rühren. Er soll dicklich vom Löffel laufen.

8. Fett in einer Stielpfanne erhitzen, mit einem Schöpflöffel Teig ins heiße Fett geben und die Pfanne so bewegen, daß der Teig zu einer dünnen Lage verläuft. Ist sie goldgelb gebacken, wenden und auf der anderen Seite ebenfalls backen.

9. Die Pfannkuchen im Backofen (auf 150°C vorgeheizt) warm halten, bis alle fertiggebacken sind.

10. Dann die Pfannkuchen mit der Karamelmasse füllen, aufrollen, mit Puderzucker bestreuen und servieren.

Tip: Wenn Sie übrige Karamelmasse in ein sauberes Glas füllen und den Deckel verschließen, hält sie sich im Kühlschrank sehr lange.

Vanille-Parfait mit Holundersauce

FÜR DAS PARFAIT:
1 Vanilleschote
$^1/_8$ l Milch · 1 Ei
1 Eigelb
30 g Zucker · 2 EL Honig
3 EL Zitronensaft
125 g Sahne
60 g gehackte Nüsse
FÜR DIE HOLUNDERSAUCE:
$^1/_4$ l Rotwein
$^3/_8$ l Holundersaft
50 g Gelierzucker · 30 g Zucker
1 Streifen unbehandelte Zitronenschale
$^1/_4$ Zimtstange
1 Gewürznelke
1 EL Zucker
1 EL Holunderlikör
2 ML (2 g) Johannisbrotkernmehl

1. Die Vanilleschote aufschlitzen, das Mark herauskratzen und in der Milch aufkochen.

2. Das Ei zusammen mit dem Eigelb und 30 g Zucker cremig rühren, dann den Honig und die heiße Vanillemilch unter ständigem Rühren dazugießen. Die Masse mit dem Schneebesen im heißen Wasserbad bei milder Hitze weiterschlagen, bis sie dicklich wird, dann im kalten Wasserbad etwa 5 Minuten kalt schlagen.

3. Die erkaltete Masse mit dem Zitronensaft würzen, die Sahne steif schlagen, mit den gehackten Nüssen unter die Masse heben; diese dann in eine Kastenform füllen und mindestens 6 Stunden gefrieren lassen. Dabei ab und zu durchrühren, damit sich die Nüsse nicht absetzen.

4. Für die Sauce den Wein mit Holundersaft, Gelierzucker, Zucker, Zitronenschale und den Gewürzen aufkochen, danach etwa 10 Minuten auf kleiner Flamme ziehen lassen.

5. Die Flüssigkeit durchsieben, dann etwa 5 Minuten bei starker Hitze einkochen und dadurch ein wenig reduzieren.

6. Kurz vor dem Servieren die Sauce fertigstellen, indem Sie in die Flüssigkeit den Zucker, den Holunderlikör sowie das Johannisbrotkernmehl einrühren und das Ganze nochmals kurz erhitzen.

7. Die Parfaitform kurz in kaltes Wasser tauchen, dann auf eine Platte stürzen, das Parfait in Scheiben schneiden, diese auf Desserttellern anrichten und mit der Holundersauce umgießen.

Tip: Sollten Sie Sauce übrigbehalten, einfach einfrieren!

Holundersorbet im Glas

(siehe Foto Seite 85)

Mit frischem Holunder!
750 g Holunderbeeren
5 EL Zucker
3 EL Campari
einige Zweige frische Minze

1. Beeren waschen, abtropfen lassen und von den Zweigen zupfen. Zwei Zweige für die Dekoration beiseite legen.

2. Die restlichen Beeren mit dem Zucker pürieren und durch ein Sieb streichen.

3. Campari untermischen und in eine Flache Eiswürfelschale füllen.

4. Für 2 Stunden ins Gefrierfach stellen, dabei öfters umrühren.

5. Das Sorbet in einen Spritzbeutel füllen, in Gläser spritzen und mit den Holunderzweigen sowie Minzblättchen dekorieren.

Holunder-Obst-Schmarren

Mit frischem Holunder!

350 g Birnen

300 g Zwetschgen

150 g Schwarzbrot ohne Rinde oder altbackene Brötchen

500 g Holunderbeeren (entstielt gewogen)

50 g Butter

2–3 TL Mehl

$^1/_2$ l Milch

1 Prise Salz

Zucker und Zimt nach Belieben

Saft von $^1/_4$ Zitrone

1. Birnen schälen, vierteln und in feine Scheiben schneiden, Zwetschgen entsteinen und halbieren.

2. Schwarzbrot oder Brötchen in sehr feine Scheiben schneiden.

3. Holunder, Birnen und Zwetschen in Butter kurz andünsten.

4. Mehl mit etwas Milch anrühren, dazugeben und mit der restlichen Milch aufgießen.

5. Brotscheiben zugeben und alles so lange köcheln lassen, bis die Zwetschgen weich sind.

6. Mit Salz, Zucker, Zimt und dem Zitronensaft würzen.

Panna cotta mit Holundersauce

FÜR DIE PANNA COTTA:
500 g Sahne
1 Vanilleschote · 50 g Zucker
3 Blatt weiße Gelatine oder die entsprechende Menge Gelatinepulver
5 Tropfen Zitronenbacköl
FÜR DIE HOLUNDERSAUCE:
$^1/_4$ l Rotwein
$^3/_8$ l Holundersaft
50 g Gelierzucker · 30 g Zucker
$^1/_4$ Zimtstange
1 Gewürznelke
1 Streifen unbehandelte Zitronenschale
1 EL Zucker
1 EL Holunderlikör
2 ML (2 g) Johannisbrotkernmehl
ZUM GARNIEREN:
1 EL gehackte Pistazien oder ersatzweise Nüsse nach Geschmack

1. Für die Panna cotta die Sahne in einen Topf gießen, die Vanilleschote der Länge nach aufschlitzen und in die Sahne geben, den Zucker und das Zitronenöl einrühren und alles 15 Minuten leise köcheln lassen.

2. Die Gelatine nach Vorschrift einweichen, ausgedrückt zur Sahne geben und unter Rühren ganz auflösen. Vorher die Vanilleschote herausfischen.

3. Die Masse in vier mit kaltem Wasser ausgespülte Förmchen füllen und im Kühlschrank in 3–4 Stunden fest werden lassen.

4. Für die Sauce den Wein mit Holundersaft, Gelierzucker, Zucker, Zitronenschale und den Gewürzen aufkochen, danach etwa 10 Minuten auf kleiner Flamme ziehen lassen.

5. Die Flüssigkeit durchsieben, dann etwa 5 Minuten bei starker Hitze einkochen.

6. Kurz vor dem Servieren die Sauce fertigstellen, indem in die Flüssigkeit der Zucker, der Holunderlikör und das Johannisbrotkernmehl eingerührt und das Ganze nochmals kurz erhitzt wird.

7. Die Panna cotta auf Dessertteller stürzen, die gehackten Pistazien darüberstreuen und mit der Holundersauce umgießen.

Tip: Saucenreste lassen sich gut einfrieren!

Holundermus aus Mittelschwaben

Mit frischem Holunder!
300 g säuerliche Äpfel
$^1/_8$ l Milch
50 g Butter
1 Stück unbehandelte Zitronenschale
Zucker nach Belieben
1 Prise Salz
500 g Holunderbeeren (entstielt gewogen)
1 gehäufter TL Mehl
etwas kalte Milch

1. Die Äpfel schälen, vierteln und in Scheibchen schneiden.
2. Milch, Butter, Zitronenschale, Zucker und Salz in einen Topf geben. Holunderbeeren und Äpfel darin leicht dünsten.
3. Das Mehl mit etwas kalter Milch verquirlen, in die Fruchtmasse einrühren und zum Binden nochmals kurz aufkochen.

Tip: Dazu schmecken frisch gekochte Kartoffeln, die mit dem Löffel aus der Schale gegessen werden.

Holunderküchlein extrafein (Rezept Seite 109)

Holunderbeercreme
mit geeister Birnensauce

FÜR DIE CREME:
6 Eigelb · 60 g Zucker
$^1/_4$ l Holundersaft
$^1/_8$ l Weißwein
1 Päckchen gemahlene Gelatine (6 Blatt entsprechend)
2 EL Holunderlikör oder Crème de Cassis
200 g Schlagsahne, mit 2 EL Zucker gesüßt
FÜR DIE BIRNENSAUCE:
500 g vollreife Kochbirnen (geschält und entkernt gewogen)
40 g Zucker
$^3/_8$ l Weißwein
1 Vanilleschote
2 EL Birnengeist

1. Für die Creme Eigelbe mit Zucker, Holundersaft und Weißwein bei milder Hitze im Wasserbad zu einer dicklichen Creme aufschlagen.

2. Die Gelatine nach Vorschrift einweichen, dann in der Creme auflösen, abkühlen lassen und so lange kühl stellen, bis die Creme zu gelieren beginnt.

3. Jetzt den Likör unterrühren.

4. Die Sahne steif schlagen und unterheben. Danach die Creme für mindestens 2 Stunden, besser aber länger, kalt stellen.

5. Für die Sauce die Birnen schälen, entkernen und zusammen mit Zucker, Weißwein und Vanillemark zum Kochen bringen. Bei milder Hitze etwa 15 Minuten ziehen lassen.

6. Die Fruchtmasse mit dem Schneidestab pürieren und den Birnengeist unterrühren.

7. Die Sauce 20 Minuten vor dem Servieren in die Gefriertruhe stellen.

8. Von der Holunderbeercreme mit zwei Eßlöffeln Nocken abstechen und auf einem Spiegel aus Birnensauce servieren.

Tip: Sollten Sie keine Kochbirnen bekommen, einfach Birnen aus der Dose nehmen und mit Punkt 2 fortfahren. Für den Vanillegeschmack einige Tropfen Vanillebacköl zufügen.

Birneneis mit
Holunder–Karamelsauce

FÜR DIE SAUCE:	
300 ml Sahne	
100 ml Holundersaft	
60 g Butter	
110 g Zucker	
2 EL starker Rum	
AUSSERDEM:	
4 Walnußhälften (notfalls aus einem Päckchen Studentenfutter)	
gutes Birneneis (z. B. von Mövenpick) *oder wahlweise Zitroneneis*	

1. Sahne und Holundersaft abmessen und bereitstellen.

2. Die Butter in einem Topf erhitzen, den Zucker darin unter ständigem Rühren goldbraun karamelisieren lassen.

3. Sahne und Holundersaft angießen und unter Rühren etwa 10 Minuten einkochen.

4. Gegen Ende der Kochzeit den Rum zufügen.

5. Die Sauce abkühlen lassen und lauwarm über das Eis gießen. Mit den Walnußhälften garnieren.

Holunder-Eis

$^3/_8$ l Vollmilch
$^1/_2$ Vanilleschote oder 1 Päckchen Bourbon-Vanillezucker
1 Stück unbehandelte Zitronenschale
6 Eigelb · 100 g Zucker · 150 g Crème fraîche · 150 g saure Sahne
280 g beliebiges süßes Holundermus (keine frischen Früchte nehmen!)
1 kräftiger Spritzer Zitronenextrakt
geschlagene Sahne zum Verzieren

1. Die Milch mit der aufgeschlitzten Vanilleschote, dem ausgeschabten Vanillemark und der Zitronenschale aufkochen.

2. Die Eigelbe mit dem Zucker cremig rühren (sie sollen aber nicht schäumen). Die heiße Milch durch ein Sieb gießen, dann nach und nach zu den Eigelben geben, schließlich Crème fraîche und saure Sahne unterrühren.

3. Die Mischung bei milder Hitze (am besten im Wasserbad) rühren, bis sie cremig und leicht schaumig ist, dann etwas abkühlen lassen und kalt stellen.

4. Das Holundermus pürieren und Zitronenextrakt dazugeben. Die Masse unter die Vanillecreme rühren und in eine Guglhupfform füllen, dann abkühlen lassen und für mindestens 7 Stunden ins Gefrierfach, besser noch in die Gefriertruhe, stellen.

5. Vor dem Servieren die Guglhupfform sehr kurz in kaltes Wasser tauchen, dann auf einen Teller stürzen und mit Sahne verzieren.

Tip: Noch besser gelingt Eis im Eisbereiter, da es dort cremiger wird und nicht kristallisiert.

Hollerküchlein

Mit frischen Holunderblüten!
300 g Mehl
3 Eier
¹/₄ l Milch
1 kleine Prise Salz
18 große Holunderblütendolden mit Stiel
Zucker oder Puderzucker zum Bestreuen
Fritierfett oder etwa ¹/₂ l Pflanzenöl
Zucker zum Bestreuen

1. Aus Mehl, Eiern, Milch und Salz einen glatten Pfannkuchenteig rühren.

2. Die Holunderblütendolden waschen, vorsichtig aus/abschütteln und auf einem Küchentuch trocknen lassen.

3. Fett oder Öl in der Friteuse oder in einer hochwandigen Pfanne erhitzen, die Holunderblütendolden in den Pfannkuchenteig tauchen und sofort in Fett goldbraun ausbacken.

4. Vor dem Servieren die Stiele mit einer Schere abschneiden, die Hollerküchlein mit Zucker bestreuen und noch heiß servieren.

Holunderküchlein extrafein

(siehe Foto Seite 103)

Mit frischen Holunderblüten!
FÜR DEN TEIG:
125 g Mehl · 1 Ei und 2 Eiweiß
1 TL Zucker · 1 Prise Salz
75 g Speiseöl
$^1/_4$ l helles Bier · 1 TL Hefe
$^1/_2$ Päckchen Vanillezucker
AUSSERDEM:
etwa 16 Holunderblütendolden mit Stiel
nach Bedarf Puderzucker und Zucker zum Bestreuen
Kirschwasser
Fritieröl

1. Aus Mehl, Ei, Zucker, Salz, Öl, Bier und Hefe einen weichen Teig rühren. Zudecken und mindestens 1 Stunde an einem warmen Ort stehen lassen.

2. Sobald der Teig 30 Minuten geruht hat, die Holunderblütendolden waschen, vorsichtig ausschlagen und auf einem Küchentuch abtropfen lassen. Dann mit Puderzucker bestäuben und mit Kirschwasser beträufeln.

3. Nachdem der Teig 1 Stunde geruht hat, das Eiweiß steif schlagen, dabei den Vanillezucker zufügen und den Eischnee unter den Teig ziehen.

4. Die Dolden durch den Backteig ziehen und im heißen Öl goldgelb backen. Auf Küchenkrepp abtropfen lassen, mit Zucker bestreuen und heiß servieren.

Blütendolden waschen, ausschütteln und trocknen lassen.

Einen glatten Teig rühren und eine Weile stehen lassen.

Die Dolden am Stiel fassen und …

… in den Teig tauchen.

Die Dolde aus dem Teig ziehen und diesen …

… auf einem Schneebesen etwas abstreifen.

Fritierfett oder Pflanzenöl erhitzen, bis sich Bläschen um einen hinein-gehaltenen Kochlöffelstiel bilden.

Die teigumhüllten Dolden gold-braun ausbacken und mit Zucker bestreut servieren.

Holunderquarkküchlein

(siehe Foto Seite 121)

Mit frischem Holunder!
700 g mehlig kochende Kartoffeln
250 g Magerquark
2 Eier
50 g Mehl
3 EL Zucker
$^{1}/_{2}$ unbehandelte Zitrone
75 g Butterschmalz
250 g Holunderbeeren
Zucker zum Bestreuen

1. Kartoffeln waschen und in Salzwasser in 25 Minuten garen. Abgießen, auf der ausgeschalteten Herdplatte ausdampfen lassen, pellen und durch die Kartoffelpresse drücken.

2. Quark durch ein Sieb streichen, unter die ausgekühlte Kartoffelmasse rühren. Eier, Mehl und Zucker unterrühren. Zitronenschale dazureiben, alles gut durchkneten und auf der bemehlten Arbeitsfläche zu handtellergroßen Küchlein formen.

5. Butterschmalz in einer Pfanne erhitzen und die Küchlein portionsweise von jeder Seite 5–7 Minuten braten.

4. Die Holunderbeeren putzen, waschen, mit Zucker mischen und über die Küchlein geben.

Ausgebackene Holunderblätter

(siehe Foto Seite 121)

8 Holunderblätter mit Stielen
120 g Mehl
1 EL Zucker
1 TL Vanillezucker
abgeriebene Schale von $^1/_2$ unbehandelten Orange
150 ml Weißwein
2 EL Butter
2 Eiweiß
Fett zum Ausbacken
Zucker und Zimt zum Bestreuen

1. Die Blätter gut waschen und trockentupfen.
2. Mehl, Zucker, Vanillezucker und Orangenschale mischen. Wein und flüssige Butter darunterrühren.
3. Diese Masse 20 Minuten ruhen lassen.
4. Eiweiß sehr steif schlagen und unter den Teig ziehen.
5. Blätter mit dem Stiel in den Teig tauchen und im heißen Fett bei 180°C fritieren.
6. Zucker und Zimt mischen und die Holunderblätter damit bestreuen.

Holunder-Quarkspeise

500 g Quark
200 ml Holundersaft oder   *100 ml Holundersaft und 100 ml Holunderlikör*
1 Becher Sahne (200 ml)
Zucker nach Geschmack
geriebene Schokolade zum Verzieren

1. Den Quark mit dem Holundersaft und gegebenenfalls zusammen mit dem Holunderlikör glatt rühren.
2. Sahne steif schlagen und unter den Quark heben.
3. Mit Zucker abschmecken, in Schalen verteilen, etwas geriebene Schokolade darüberstreuen und servieren.

Tip: Sie können auch kleine Pfannkuchen backen (Rezept siehe Seite 94, Pfannkuchen mit Holunderkaramel) und diese dann mit Holunderquark gefüllt als Nachspeise reichen.

Holunderpfannkuchen

Mit frischen Holunderblüten!
250 g Mehl
1 Msp Salz
$^1/_2$ l Milch
3 Eier
abgezupfte Blüten von 3 großen Holunderblütendolden
Fett zum Ausbacken
Holundermarmelade oder Holunderkompott zum Füllen
etwas Zucker

1. Mehl in die Schüssel sieben, salzen.

2. Nach und nach etwas Milch und Eier von der Mitte aus in die Mehlgrube einrühren.

3. Teig mit restlicher Milch glatt rühren. Er soll dicklich vom Löffel laufen. Die abgezupften Holunderblüten einrühren. Den Backofen auf 150°C vorheizen.

4. Fett in einer Stielpfanne erhitzen, mit einem Schöpflöffel Teig ins heiße Fett geben und die Pfanne so bewegen, daß der Teig zu einer dünnen Lage verläuft. Ist sie goldgelb gebacken, wenden und auf der anderen Seite ebenfalls backen.

5. Die Pfannkuchen im vorgeheizten Backofen warm halten, bis alle fertiggebacken sind.

6. Dann die Pfannkuchen mit Holundermarmelade oder Holunderkompott füllen, aufrollen, Zucker darüberstreuen und servieren.

Früchteguglhupf mit Vanillesauce

FÜR DEN FRÜCHTEGUGLHUPF:

1 Glas Sauerkirschen (700 g)

300 g süßes Holunderkompott mit Zwetschgen

2 EL gehackte Nüsse

$^1/_4$ l süßer Holundersaft

1 Gläschen Holunderlikör

2 Päckchen Gelatinepulver

FÜR DIE SAUCE:

$^1/_4$ l Milch · Mark von 1 Vanilleschote

3 Eigelb · 2 EL Zucker

Zitronenmelisse für die Garnitur

---

1. Die Kirschen in ein Küchensieb gießen, Saft auffangen und zum Trinken aufbewahren.

2. Die gut abgetropften Kirschen mit dem Holunderkompott vermischen und in eine Guglhupfform schichten, die Nüsse darüberstreuen.

3. Den Holundersaft mit dem Holunderlikör erhitzen und mit der Gelatine nach Vorschrift binden.

4. Die Flüssigkeit über die Früchte gießen und alles 4–5 Stunden (am besten über Nacht) fest werden lassen.

5. Kurz vor dem Servieren für die Vanillesauce Milch mit ausgekratztem Vanillemark aufkochen.

6. Eigelb mit Zucker in einer Schüssel verquirlen und die heiße Vanillemilch langsam einrühren. Die Sauce so lange im warmen Wasserbad schlagen, bis sie leicht sämig ist, dann kühl werden lassen und mit Melisseblättern verzieren.

7. Guglhupfform ganz kurz in heißes Wasser tauchen und den Früchteguglhupf vorsichtig stürzen. Mit etwas Vanillesauce übergießen und mit Zitronenmelisse garnieren. Die restliche Vanillesauce in einem Kännchen dazu reichen.

Tip: Wenn Sie wenig Zeit haben, nehmen Sie ersatzweise ein Päckchen Vanillesauce und bereiten es nach Vorschrift zu.

Holunderpflaumen

FÜR 12 STÜCK:
300 g kalifornische Trockenpflaumen ohne Steine
1 EL Holundersaft
3 EL Weizenkleie-Knuspergranulat (aus dem Reformhaus)
3 EL geröstete Kokosflocken
1 EL beliebiges süßes Holundermus
2 EL Holunderlikör
etwas Holunderlikör zum Übergießen

1. 50 g von den Pflaumen zusammen mit dem Holundersaft pürieren. Anschließend mit Weizenkleie, Kokosflocken und Holundermus verrühren.

2. Zwölf Pflaumen längs einschneiden und mit dem Holundermix füllen.

3. Jeweils drei Pflaumen auf ein Tellerchen drapieren, mit Holunderlikör übergießen und servieren.

Quark–Holunder–Pudding

$^1/_4$ l Milch · 100 g Butter · 1 Prise Salz
Saft von 1 Zitrone
150 g Mehl · 100 g Quark · 6 Eier (getrennt)
100 g Holundermus, wahlweise süß oder ungesüßt
100 g Zucker · 1 Päckchen Vanillezucker
$^1/_8$ l Holundersauce (siehe Rezept Seite 100/101)
einige Beeren zum Verzieren (z. B. Johannisbeeren oder Himbeeren, eventuell aus der Gefriertruhe)

1. Milch mit Butter, Salz und Zitronensaft kurz aufkochen und unter ständigem Rühren Mehl dazugeben. So lange weiterrühren, bis sich die Masse vom Topf löst, dann vom Feuer nehmen.

2. Teig kurz auskühlen lassen, dann Quark und Eigelbe nach und nach unterrühren.

3. Das Holundermus unter die Quarkmasse heben. Den Backofen auf 160 °C vorheizen.

4. Eiweiß, Zucker und Vanillezucker zu steifem Schnee schlagen und unterziehen (so lange weiterrühren, bis die Masse homogen ist).

5. Die Puddingmasse in eine mit Butter bestrichene und mit Mehl ausgestreute Pudding- oder Guglhupfform füllen. Die Form in einen Topf mit kochend heißem Wasser stellen, den Topf auf die unterste Schiene im Herd schieben und so den Pudding im Wasserbad etwa 1 Stunde garen.

6. Den Quarkpudding stürzen und mit Früchten und etwas Holundersauce garniert servieren. Den Rest der Holundersauce in einem Kännchen dazu reichen.

Holunder–Quark–Auflauf

Mit frischem Holunder!
500 g Holunderbeeren (entstielt gewogen)
130 g Zucker
4 Eier
1 Päckchen Vanillezucker
abgeriebene Schale von 1 unbehandelten Zitrone
350 g Quark

1. Die Holunderbeeren waschen, gut abtropfen lassen, verlesen und 80 g Zucker darüberstreuen.

2. Die Eier trennen, die Eigelbe mit 50 g Zucker, Vanillezucker und Zitronenschale schaumig rühren. Nach und nach den Quark zugeben.

3. Eiweiß steif schlagen, die Hälfte davon unter die Quarkmasse heben. Den Backofen auf 180°C vorheizen.

4. Eine Auflaufform fetten und mit Semmelbröseln ausstreuen. Dann abwechselnd Quark und Holunderbeeren einfüllen, die letzte Lage sollen Holunderbeeren sein. Darüber den restlichen Eischnee streichen.

5. Den Auflauf im vorgeheizten Ofen etwa 40 Minuten backen.

Schweizer Mus

Mit frischem Holunder!
1 EL Butter
1 EL Mehl
¹/₄ l Milch
750 g Holunderbeeren (entstielt gewogen)
100 g Zucker
1 Päckchen Vanillezucker

1. Die Butter in einem Topf erhitzen, das Mehl hineingeben und goldgelb anschwitzen.
2. Die Milch nach und nach zugießen und gut verrühren.
3. Die gewaschenen und gut abgetropften Holunderbeeren mit Zucker und Vanillezucker dazugeben und alles zu einem Mus einkochen.

Tip: Das Mus möglichst frisch essen. Es schmeckt gut zu Nudeln. Durch Bestreuen mit Zucker und Zimt wird der Geschmack noch reizvoller.

Holunderquarkküchlein und Ausgebackene Holunderblätter
(Rezepte Seite 112 und 113)

Bayerische Creme mit Holundermark

Mit frischem Holunder!

9 Blatt weiße Gelatine

400 g frische Holunderbeeren
oder ersatzweise 300 ml Holundersaft pur

200 g Zucker · 2 EL Zitronensaft

¹/₄ l Milch

1 Päckchen Bourbon-Vanillezucker

4 große Eigelb (Gewichtsklasse 2)

250 g Sahne

1. Für das Holundermark 3 Blatt Gelatine einweichen.

2. Die Holunderbeeren mit einer Gabel von den Dolden streifen, mit der Hälfte des Zuckers, dem Zitronensaft sowie 3 EL Wasser aufkochen und zugedeckt bei milder Hitze etwa 5 Minuten weiterköcheln lassen. Sollten Sie Saft verwenden, diesen nur kurz mit Zitronensaft und Zucker aufkochen.

3. Die Masse durch ein Sieb streichen, sofort nach und nach die ausgedrückte Gelatine unterrühren, zugedeckt an einen kühlen Ort stellen (aber nicht in den Kühlschrank).

4. Für die Creme 6 Blatt Gelatine einweichen. Die Milch zusammen mit dem Vanillezucker zum Kochen bringen.

5. Einstweilen die Eigelbe und den übrigen Zucker mit dem Handrührgerät auf unterster Stufe schaumig schlagen. Dann die heiße Milch nach und nach unter ständigem Schlagen zur Eiercreme geben und die Mischung weiterrühren, bis sie cremig und leicht schaumig ist.

6. Die Gelatine ausdrücken und einzeln unter die warme Creme rühren, bis sie sich vollständig aufgelöst hat, dann den Topf ins kalte Wasserbad stellen und so lange weiterschlagen, bis die Creme zu gelieren beginnt.

7. Die Sahne steif schlagen und unter die Creme heben. Die Hälfte der Creme in eine Schüssel geben und diese im Kühlschrank 1 Stunde kalt stellen.

8. Jetzt das Beerenmark mit einem großen Löffel auf die gekühlte Creme geben (ein paar Eßlöffel davon zum Verzieren übrig lassen), darauf die andere Hälfte der Creme schichten und mit dem restlichen Beerenmark zum Verzieren obenauf ein paar Tupfer setzen. Die Creme muß vor dem Servieren noch für mindestens 1 Stunde in den Kühlschrank gestellt werden.

Maisgrießpudding mit Holunderkompott

$^1/_4$ l Milch
abgeriebene Schale von $^1/_2$ unbehandelten Zitrone
25 g Butter · 40 g Maisgrieß (Polenta)
3 Blatt weiße Gelatine
70 g Zucker
30 g fein gehackte Haselnüsse
1 EL fein gehackte Haselnüsse zum Verzieren
130 g Sahne · Holunderkompott

1. Die Milch mit der Zitronenschale und der Butter aufkochen, den Maisgrieß unter ständigem Rühren zugeben und bei milder Hitze so lange weiterrühren, bis die Masse dicklich wird. Jetzt die Herdplatte abschalten und die Polenta abgedeckt noch 10 Minuten quellen lassen.

2. Die Gelatine 5–10 Minuten in kaltem Wasser einweichen.

3. Den Brei vom Herd nehmen, den Zucker und 30 g Haselnüsse untermischen.

4. Die Gelatine ausdrücken und blattweise unterrühren, dann den Brei lauwarm abkühlen lassen.

5. Die Sahne steif schlagen und unter den Pudding ziehen.

6. Eine sehr kleine Pudding- oder Guglhupfform kalt ausspülen, die Masse hineinfüllen, glatt streichen und für 2 Stunden in den Kühlschrank stellen.

7. Den Grießpudding auf einen Teller stürzen, mit den gehackten Nüssen bestreuen, das Holunderkompott herumlöffeln und servieren oder das Kompott in extra Schälchen dazu reichen.

Holunderblüten-Sahnecreme auf Erdbeeren

Mit frischen Holunderblüten!

100 g feinkörniger Zucker · 7 EL kaltes Wasser

5 Holunderblütendolden

2 EL japanischer Pflaumenwein (ersatzweise süßer Weißwein)

300 ml Sahne · 1 Eiweiß · 4 sehr große und 2 kleine Erdbeeren

Schokoladenraspel zum Garnieren

1. Den Zucker bei milder Hitze im Wasser auflösen. Die Flüssigkeit zum Kochen bringen und 3 Minuten köcheln lassen.

2. Den Sirup von der Kochstelle nehmen und kurz abkühlen lassen. Holunderblüten zugeben und 5–10 Minuten ziehen lassen.

3. Durch ein Sieb in ein Schüsselchen gießen, den Wein unterrühren und auskühlen lassen.

4. Vier Dessertschalen bereitstellen. In jede Schale eine große Erdbeere schnippeln und je 1 EL von dem Sirup darüberträufeln.

5. Die Sahne steif schlagen, dann den übrigen Sirup unter die Sahne ziehen. Das Eiweiß steif schlagen und darunterheben.

6. Die Holunderblütensahne über die Erdbeeren verteilen und für mindestens 30 Minuten in den Kühlschrank stellen.

7. Vor dem Servieren mit Schokoraspeln bestreuen und jede Portion mit einer halben kleinen Erdbeere verzieren.

Tip: Die Holunderblütensahne schmeckt auch ohne Erdbeeren gut!

Kinderreim:

Lange, lange Reihe,
sind der Kinder dreie,
sitzen unterm Hollerbusch,
machen alle musch, musch, musch.

Herzhaftes mit Holunder
Wild-, Geflügel-, Fleisch- und Käsegerichte

Hasenragout
– Spezialität aus der Toskana –

$^1/_2$ Wildhase mit Innereien (ersatzweise $^1/_2$ Stallhase)

---

1 Stange Sellerie · 1 Zwiebel · 2 Möhren

---

6 EL natives Olivenöl extra

---

6 Stengel Blattpetersilie

---

3 Salbeiblätter · 3 Lorbeerblätter · Thymian

---

8 Cocktailtomaten · Salz, Pfeffer

$^1/_8$ l Holundersaft

$^1/_2$ l Brühe

2–3 EL Saucenschnellbinder

---

etwas Parmesan

1. Den Hasen säubern und entbeinen. Das Fleisch in etwa 1 cm große Würfel schneiden. Die Innereien sehr klein schneiden oder durch den Fleischwolf drehen.

2. Aus den Knochen (eventuell auch aus dem Kopf) in gut $^1/_2$ l Wasser eine Brühe kochen.

3. Das Gemüse putzen, in kleine Würfel schneiden und im Öl anbraten.

4. Die Kräuter hacken und zusammen mit dem Fleisch zum Gemüse geben. Alles gut anbraten.

5. Die Tomaten in kleine Stücke schneiden, zum Fleisch geben, mit Salz und Pfeffer würzen, den Holundersaft und die Brühe zugeben und das Ganze etwa 1 $^1/_2$ Stunden. schmoren.

6. Das Ragout mit 2–3 EL Saucenschnellbinder legieren und nochmals abschmecken.

7. Das Ragout mit etwas Parmesan bestäuben.

Tip: Dazu passen gut Bandnudeln

Schweinebraten schwedisch

750 g Schweinebraten
Salz, Pfeffer
Ingwerpulver
1 Tasse Ananas in Stücken
1 Tasse frische entstielte Holunderbeeren oder 3–4 EL Holundermus

1. Einen Römertopf wässern. Den Braten waschen und trockentupfen.

2. Die Schwarte rautenförmig einschneiden. Das Fleisch leicht salzen und pfeffern, danach dick mit Ingwerpulver überpudern.

3. Das Fleisch in den vorbereiteten Römertopf legen, Ananas und Holunder darum herumschichten, den Topf schließen und in den kalten Backofen schieben. Auf 220 °C einstellen.

3. Nach gut 2 Stunden den Deckel vom Römertopf nehmen und den Braten noch 10 Minuten im Ofen lassen, damit sich eine krosse Kruste bilden kann.

4. Das Fleisch in Scheiben schneiden, zusammen mit den Früchten, mit Salat und Brot servieren.

Tip: Schweinebraten sollte unbedingt mit Schwarte zubereitet werden, da er sonst zu trocken wird. Falls Sie das Fett nicht mögen, können Sie es vor dem Anrichten entfernen.

Hase nach fränkischer Art

1 junger kleiner Hase, bereits zerlegt
250 g magerer Schweinebauch, in Scheiben geschnitten
1 Zwiebel · Salz, Pfeffer
2 Lorbeerblätter · 1 EL gehackte Petersilie
4 EL geriebenes Schwarzbrot
$^1/_4$ l Holundersaft pur
100 ml Essig und, wenn Sie bekommen können, *1 Tasse frisches Hasenblut*
$^1/_4$ l Rotwein
1 Schuß Sahne

1. Den zerlegten Hasen abwechselnd mit dem aufgeschnittenen Schweinebauch in einen gewässerten Römertopf schichten.

2. Zwiebel fein hacken und zusammen mit den Gewürzen und dem geriebenen Schwarzbrot über das Fleisch verteilen.

3. Holundersaft mit Essig, gegebenenfalls Hasenblut und Rotwein vermischen und über das Fleisch gießen. Den Römertopf schließen und in den kalten Backofen schieben. Auf 220 °C stellen.

4. Nach etwa 100–105 Minuten ist der Hase gar geschmort. Jetzt noch etwas Sahne an die Sauce geben und den Hasen servieren.

Tip: Dazu passen Kartoffelknödel oder Knödel halb und halb, Rotkohl und Holunderkompott.

Gefüllte Pute

1 junge Pute (Truthenne)
Salz, Pfeffer
FÜR DIE FÜLLUNG:
1 Zwiebel
die Innereien der Pute (Herz, Leber, Magen, Lunge)
1 trockenes Brötchen, in Milch eingeweicht
200 g Schweinehack
1 großes Ei
2 EL ungesüßtes Holundermus
Petersilie, Majoran
Salz, Pfeffer · Paprika
ZUM BRATEN:
80 g Schweineschmalz (ersatzweise Butter)
100 ml Holundersaft pur, mit Wasser auf ¹/₂ l aufgegossen
1 EL Mehl · ¹/₂ TL Zucker

1. Die gewaschene und trockengetupfte Pute von innen salzen und pfeffern, von außen nur mit Salz einreiben.

2. Die Zwiebel sehr fein hacken und anbraten, die Innereien ebenfalls sehr fein hacken oder durch den Fleischwolf drehen. Dann die Brötchen in Milch einweichen und gut ausdrücken. Alles in eine Schüssel geben und zusammen mit dem Schweinehack, dem Ei, dem Holundermus, den Gewürzen und Kräutern zu einem Teig kneten.

3. Die Pute mit dem Fleischteig füllen, zunähen und – unbedingt mit der Brustseite zuerst! – von allen Seiten in einem gußeisernen Topf oder einer großen Kasserolle anbraten.

Danach mit $^1/_8$ l vom verdünnten Holundersaft aufgießen, den Topf zudecken und in den vorgeheizten Backofen (unterste Schiene) schieben. Bei 200°C benötigt die Pute je nach Größe etwa 3 $^1/_2$ Stunden Garzeit.

4. Den Deckel nach 1 Stunde abnehmen, damit die Pute bräunen kann. Die Truthenne nach einer weiteren Stunde wenden. Wenn nötig, ab und zu Flüssigkeit nachgießen.

5. Am Schluß der Garzeit die Pute auf einer Platte anrichten, das Mehl mit etwas Holundersaftmischung anrühren, die Sauce damit binden und mit etwas Zucker und Gewürzen nach Belieben abschmecken.

Tip: Truthennen haben meist zarteres Fleisch als Truthähne! Als Beilage passen Kartoffelbrei, Salzkartoffeln oder auch Seidenknödel, alle möglichen Gemüsearten, wie z.B. Blaukraut oder Rosenkohl, glasierte Kastanien und feine Salate.

Parfait aus Hühnerleber

FÜR DAS PARFAIT:
125 g Hühnerleber, von den Sehnen befreit
1 Knoblauchzehe · 1 Ei
Salz, schwarzer Pfeffer aus der Mühle
1 Prise Zucker
1 EL weißer Portwein
1 EL Holundersaft pur
2 EL Cognac
1 ML (1 g) Johannisbrotkernmehl
125 g Butter
etwas gemahlener Piment
100 g Speck in dünnen Scheiben
FÜR DAS GELEE:
4 Blatt weiße Gelatine
350 ml lieblicher Weißwein · Zucker
2 EL Holundersaft pur
einige halbierte Weintrauben
einige frische Korianderblättchen

1. Für das Parfait die Hühnerleber zusammen mit der ausge-preßten Knoblauchzehe, dem Ei, etwas Salz, Pfeffer und Zucker, Portwein, Holundersaft, Cognac sowie Johannis-brotkernmehl in einen Mixer geben und alles fein pürieren.

2. Den Backofen auf 200 °C vorheizen.

3. Die Butter bei milder Hitze zergehen lassen und unter das Leberpüree rühren. Die Masse nun mit etwas gemahlenem Piment würzen und durch ein feines Sieb passieren.

4. Eine kleine Pastetenform mit den Speckscheiben auslegen, die Masse einfüllen und glatt streichen.

5. Die Form in ein Wasserbad stellen und im Backofen ungefähr 25 Minuten pochieren. Aus dem Ofen nehmen und etwa 5 Stunden zugedeckt kühl stellen.

6. Das Parfait vorsichtig aus der Form stürzen, den Speck entfernen und die Pastete nochmals zugedeckt kühl stellen.

7. Für das Gelee die Gelatineblätter in kaltem Wasser einweichen. Nach 10 Minuten ausdrücken, vorsichtig erhitzen und unter Rühren auflösen.

8. Wein, Zucker und Holundersaft darunterrühren und die Geleemasse kurz kühl stellen.

9. Die inzwischen wieder gereinigte Form 1–2 cm hoch mit der Geleemasse auffüllen. Dann das Parfait vorsichtig hineingeben und dabei darauf achten, daß es vollständig vom Gelee umflossen ist.

10. Das fertige Parfait mindestens 5 Stunden kühl stellen. Dann mit halbierten Weintrauben und Korianderblättchen auf einem Teller anrichten. Dazu schmeckt Wein und französisches Weißbrot.

Entenragout in Holundersauce

3 kleine Zwiebeln · 2 Möhren · 1 Stange Sellerie

75 g Parmaschinken

300 g Entenbrustfilet

1 kg Tomaten · 3 EL Olivenöl

1–2 Lorbeerblätter

1 Nelke · 4 schwarze Pfefferkörner

75 g geschälte Mandeln

2 EL Mehl

$^1/_4$ l Holundersaft pur

$^1/_4$ l Rotwein

$^1/_4$ l Fleischbrühe

etwas geriebene Muskatnuß

Salz · Cayennepfeffer

AUSSERDEM:

etwa 300 g Spaghetti · Butter

1. Die Zwiebeln schälen und achteln, Möhren und Stauden-
   sellerie putzen und fein hacken, den Schinken in dünne
   Streifen schneiden.

2. Vom Entenbrustfilet die Haut ablösen, das Fleisch in kleine
   Würfel schneiden. Die Tomaten mit kochendem Wasser
   überbrühen, dann schälen, halbieren und von den Kernen
   befreien.

3. In einer beschichteten Kasserolle 2 EL vom Öl nicht zu
   heiß werden lassen. Möhren, Zwiebeln, Stangensellerie,
   Schinken, Lorbeer, Nelke und Pfefferkörner hinzufügen
   und alles unter Rühren gut durchrösten.

4. Die Mischung aus der Kasserolle nehmen und warm stellen. Restliches Öl in derselben Kasserolle erhitzen, die Entenwürfel unter Rühren 5 Minuten darin braten. Schinken-Gemüsemischung, Tomaten und Mandeln hinzufügen, Mehl darüberstäuben und einmal gut durchrühren.

5. Holundersaft und Rotwein angießen und alles ohne Deckel 20–30 Minuten leicht köcheln lassen. Nach 10 Minuten nach und nach die Fleischbrühe hinzufügen, mit Muskatnuß, Salz und Cayennepfeffer würzen.

6. Während das Entenragout gart, die Spaghetti *al dente* kochen, abgießen und gut abtropfen lassen, dann in Butter schwenken.

7. Die Spaghetti auf vier vorgewärmte Teller verteilen, das Entenragout nochmals abschmecken und auf den Nudeln anrichten.

Vorderviertel vom Lamm

Für 6 Personen:

4 EL Holundermus (wahlweise süß oder ungesüßt)

4 EL Joghurt

1 TL Salz, Pfeffer · Rosmarin

10 Salbeiblätter · 4 Knoblauchzehen

1 Lammvorderviertel

1 Glas Holundersaft

1 gehäufter EL Mehl · etwas Rotwein

AUSSERDEM:

Alufolie zum Einwickeln des Bratens
(Es gibt eine spezielle Folie für den Backofen.
Wenn Sie normale Alufolie verwenden, achten Sie darauf,
daß die glänzende Seite nach außen kommt).

1. Aus Holundermus und Joghurt, Salz, Pfeffer, Rosmarin, Salbeiblättern und den zerdrückten Knoblauchzehen einen Brei rühren; damit das Lamm (ein unzerteiltes Vorderviertel) bestreichen, anschließend das Fleisch in Alufolie wickeln und so mindestens $^{1}/_{2}$ Tag stehen lassen.

2. Das in Alufolie gewickelte Lamm im vorgeheizten Backofen bei 220 °C 3 Stunden garen.

3. Nach dieser Zeit die Alufolie entfernen, Holundersaft oder Rotwein zum Bratenfond geben, das Lamm nochmals in den Backofen schieben und es auf jeder Seite etwa 45 Minuten garen.

4. Das Fleisch herausnehmen, auslösen und in Scheiben schneiden.

5. Einen gehäuften Eßlöffel Mehl mit etwas Rotwein glatt rühren und damit die Sauce binden. Die Fleischstücke in der Sauce wieder aufwärmen.

Tip: Als Beilagen schmecken gebratene Nußkartoffeln und Bohnen. »Nußkartoffeln« sind eine kleine Sorte Kartoffeln, die zuerst halbgar gekocht und dann gebraten werden. Sie können auch eine andere Kartoffelsorte klein schneiden und ebenso verfahren. Sollte das Lamm sehr fett sein, bereiten Sie es frühzeitig zu. Stellen Sie das Fleisch warm und lassen Sie die Sauce abkühlen. Dann können Sie das Fett, das sich auf der Sauce angesammelt hat, leicht abschöpfen. Anschließend die Sauce unbedingt wieder gut erwärmen.

Lammkeule extrazart

5 Knoblauchzehen
1 Lammkeule mit Knochen (etwa 2 kg)
5 EL Olivenöl
1 Bund Suppengrün · 2 Zwiebeln
Salz, Pfeffer
$^1/_4$ l Holundersaft
5 EL Holunderkompott
1 Zweig Rosmarin · 8 Blätter Salbei
2 Becher saure Sahne · $^1/_2$ Flasche Rotwein
2 Becher Joghurt · 3 EL Quark
100 g geriebene Nüsse
1 Prise Cayennepfeffer
1–3 Knoblauchzehen nach Geschmack
1 Spritzer Zitrone
Fleischextrakt

1. Die Knoblauchzehen in Stifte schneiden.

2. Das Fett von der Keule entfernen. Das Fleisch ringsum mit den Knoblauchstiften spicken, anschließend mit 2 EL Öl einreiben.

3. Das Suppengrün und die in Würfel geschnittenen Zwiebeln in etwas Öl anbraten. Den Backofen auf 100 °C vorheizen.

4. Die Keule in einem Bräter mit dem restlichen Öl von allen Seiten scharf anbraten – die Oberfläche soll gebräunt sein. Dann salzen und pfeffern.

5. Das Fleisch mit $\frac{1}{4}$ l Holundersaft ablöschen.

6. Das angeröstete Suppengrün mit Zwiebeln, 4 EL Holunderkompott und den Kräutern zum Fleisch geben. Den Topf zudecken und in den vorgeheizten Backofen stellen.

7. Die Lammkeule stündlich wenden und dabei mit 2 EL saurer Sahne und etwas Rotwein übergießen.

8. Joghurt mit Quark, Nüssen, Cayennepfeffer, Knoblauch, dem restlichen Holunderkompott und einem Spritzer Zitrone vermischen und im Kühlschrank aufbewahren.

9. Nach $4\frac{1}{2}$ Stunden Bratzeit den Deckel vom Topf nehmen, übrigen Rotwein und den Rest des ersten Bechers saurer Sahne über die Lammkeule gießen.

10. Wenn sich das Fleisch leicht vom Knochen löst (nach etwa 5 Stunden Bratzeit), die Keule aus dem Bräter nehmen und im ausgeschalteten Backofen warm halten.

11. Die Flüssigkeit im Bräter nochmals aufkochen, dabei den Bratensatz vom Topfboden schaben und mit etwas Wasser aufgießen. Dann den Bratensatz durch ein Sieb streichen, das Fett von der Sauce schöpfen, diese mit etwas Fleischextrakt abschmecken und den zweiten Becher saure Sahne einrühren.

Tip: Dazu Kartoffeln und grüne Bohnen servieren. Das Fleisch wird in die Joghurtsauce gestippt! Die Joghurtsauce eignet sich auch gut als Gemüsedip.

Hammelkeule wie Wild zubereitet

5 Tage vorab mit der Zubereitung beginnen!
1 Hammelkeule (das Bein zur Hälfte glatt abgehauen, nicht im Gelenk durchgeschnitten)
8 Schalotten
4 Nelken
¹/₂ TL Nelkenpfeffer (Piment)
¹/₂ TL Pfefferkörner · 2 Lorbeerblätter
2 Stengel frischer Estragon
1 Handvoll frischer abgezupfter Majoran
¹/₂ Flasche Rotwein
¹/₂ l Holundersaft pur
¹/₂ Flasche guter Weinessig
100 g Speck · etwas Butter
Salz
200 ml Sahne
1 EL Mehl

1. Fett und Haut von der Keule entfernen, das Fleisch waschen und trockentupfen, danach kräftig klopfen.

2. Gewürfelte Schalotten, Nelken, Nelkenpfeffer, Pfefferkörner, Lorbeerblätter, Estragon und Majoran in einen irdenen Topf, eine Glas- oder Porzellanschüssel geben. In die Mitte das Fleisch legen, Wein, Holundersaft und Essig darübergießen. Die Keule mit dieser Marinade dreimal täglich begießen, zusätzlich jeden Morgen wenden.

3. Nach 5 Tagen das Fleisch aus der Beize nehmen, trockentupfen und mit etwa der Hälfte des Specks spicken.

4. Den Rest des Specks in Würfel schneiden und in etwas Butter in einer großen Kasserolle auslassen. Darin die Keule von allen Seiten goldgelb anbraten.

5. Jetzt so viel von der Beize an den Braten gießen, wie es die Schärfe des Essigs erlaubt. Dann noch etwas kochendes Wasser zugießen, die Kräuter aus der Beize nehmen und zum Braten geben, salzen und den Topf mit einem Deckel verschließen. Die Keule in etwa 3 Stunden bei mittlerer Hitze im Herd garen, den Braten dabei immer wieder begießen.

6. 30 Minuten vor Ende der Garzeit die Sahne einrühren, ab jetzt den Deckel der Kasserolle offen lassen. Nicht vergessen: Das Fleisch ständig begießen!

7. Am Schluß Mehl in etwas Wasser glatt rühren, damit die Sauce binden. Die Sauce durch ein Sieb passieren.

Tip: Dazu schmecken Kartoffelklöße oder Salzkartoffeln. Am besten nimmt man einen irdenen Brattopf, weil das Gericht durch die Säure leicht einen Eisengeschmack annimmt.

Rehrücken in der Nußkruste

(siehe Foto Seite 155)

Mit frischen Holunderbeeren!

FÜR 6 PERSONEN:

FÜR DIE FARCE:

---

300 g schieres Rehfleisch aus Keule
oder Schulter

---

50 g fetter Speck · Wildgewürz

Salz, Pfeffer

$^1/_4$ l Sahne

FÜR DIE KRUSTE:

---

je 100 g Pinien- und Pistazienkerne

---

2 Wacholderbeeren

---

250 g Butter

Paniermehl

Salz, Pfeffer

FÜR DEN REHRÜCKEN:

---

1 kleiner Rehrücken, ausgelöst und
sauber zurechtgemacht

Pflanzenöl zum Braten

FÜR DIE SAUCE:

$^1/_2$ l Wildfond

$^1/_8$ l Rotwein

---

je 4 EL Gin und Madeira

$^1/_8$ l Holundersaft

---

100 g Butter zum Binden

---

200 g Holunderbeeren (entstielt gewogen)

1. Für die Farce Rehfleisch und Speck in Würfel schneiden, würzen, mit der Sahne mischen und 30 Minuten im Tiefkühlfach anfrieren. Durch die feine Scheibe des Fleischwolfs drehen, erneut kühlen und anschließend kurz durch den Alleszerkleinerer laufen lassen. Abermals kühlen, durch ein Sieb streichen und abschmecken. Falls die Masse zu fest sein sollte, noch etwas Sahne einarbeiten.

2. Für die Kruste Pinien- und Pistazienkerne sowie die Wacholderbeeren im Alleszerkleinerer mittelfein hacken. Mit der zerlassenen Butter mischen und so viel Paniermehl zugeben, bis alles sichtbare Fett aufgenommen ist. Mit Salz und Pfeffer abschmecken.

3. Den Rehrücken salzen und pfeffern, in der Pfanne von allen Seiten gut anbraten, dann erkalten lassen. Den Backofen auf 200 °C vorheizen.

4. Das Fleisch mit der Farce überziehen und im vorgeheizten Ofen 8–10 Minuten braten. Anschließend mit der Krustenmasse bestreichen und unter dem Grill bräunen.

5. Für die Sauce alle flüssigen Zutaten aufkochen (vom Holundersaft einen kleinen Rest zurückbehalten) und um ein Drittel reduzieren, also verdampfen lassen. Die in Würfel geschnittene kalte Butter zum Binden mit dem Stabmixer einarbeiten. Die Holunderbeeren in etwas zusätzlichem Holundersaft erhitzen und in die Sauce rühren.

6. Anrichten: Den in Scheiben geschnittenen Rehrücken mit Rosenkohl, Pilzen und Kartoffelkroketten servieren.

Holunder–Schweinebraten

5 EL ungesüßtes Holundermus
3 EL süßer Hausmachersenf
1 Msp Kardamom
Salz, Pfeffer
Paprika edelsüß
1 kg Schweinebraten mit Schwarte
1 EL Knoblauchöl
1 Endstück dunkles Brot
$^1/_4$ l Bier
1 gestrichener EL Mehl
8 große Champignons

1. Aus Holundermus, Hausmachersenf und den Gewürzen einen Brei rühren. Mit diesem Brei den Schweinebraten einreiben und ihn 2–3 Stunden so stehen lassen.

2. Danach das Fleisch in einem gußeisernen Topf mit etwas Knoblauchöl anbraten, das Brotstückchen zugeben, mit knapp $^1/_4$ l Bier aufgießen und bei 220°C im Herd garen. Wenn die Sauce zu sehr eindickt, einfach heißes Wasser nachgießen.

3. Nach gut 1 Stunde den Topf aus dem Herd nehmen, das Fleisch in Scheiben schneiden, wieder in die Sauce legen und weitere 30 Minuten auf der Herdplatte nachgaren lassen. Es soll nur leise vor sich hinköcheln.

4. 15 Minuten vor Ende der Garzeit die Sauce mit Mehl oder Saucenbinder andicken. Danach die in Scheiben geschnittenen Champignons zugeben und mitgaren.

Tip: Als Beilagen Kartoffeln oder Spätzle und Salat.

Holunder–Fleischpflanzerl

2 kleine bis mittlere Zwiebeln
Schweineschmalz (ersatzweise Butter) zum Braten
Innereien von 1 Pute oder 2 Hähnchen (Herz, Leber, Magen, Lunge)
2 trockene Brötchen, in Milch eingeweicht
250 g Schweinehack
2 kleine Eier
3 Eßlöffel ungesüßtes Holundermus
Petersilie · Majoran
Salz, Pfeffer · Paprika edelsüß

1. Die Zwiebeln sehr fein hacken und in Schweineschmalz anbraten.

2. Die Innereien sehr fein hacken oder durch den Fleischwolf drehen. Die Brötchen in Milch einweichen, dann gut ausdrücken.

3. Aus allen Zutaten zusammen mit dem Hackfleisch in einer Schüssel einen Teig kneten.

4. Aus dem Fleischteig acht runde Fleischbällchen formen und sie mit dem Handballen flach drücken.

5. Die Fleischpflanzerl in einer Pfanne mit heißem Schweineschmalz braten.

Tip: Dazu passen Bratkartoffeln oder Kartoffelpüree und Salat. Sie können die Fleischpflanzerl aber auch wie Hamburger auf Brötchen anrichten.

Zunge auf süßsauren Linsen

FÜR DIE ZUNGE:
1 Lorbeerblatt
je 4 Pfeffer- und Pimentkörner
1 Rinderzunge (gepökelt oder frisch), bei frischer Zunge 1 TL Salz
1 Bund Suppengrün
etwas Butter und Mehl für eine Schwitze
Salz, Pfeffer · 1 Prise Zucker
$^1/_2$ Glas Burgunder oder Holundersaft
2 TL Holundergelee
4 EL Rahm
FÜR DIE LINSEN:
1 Dose Linsen (800 g Einwaage)
1 Zwiebel
30 g Butter
5 EL Hollerkompott mit Zwetschgen
Salz, Pfeffer · 1 Prise Zucker
1 EL Rotweinessig
1 EL Holundersaft pur
1 EL Mehl
etwas glatte Petersilie

1. Für die Zunge etwa 2 l Wasser mit dem Lorbeerblatt sowie den Pfeffer- und Pimentkörnern aufkochen.

2. Die Zunge waschen und zusammen mit dem Suppengrün (bei ungepökelter Zunge Salz nicht vergessen!) im kochen-

den Sud 3–4 Stunden garen. Die Zunge ist fertig, wenn sie sich beim Einstechen mit einer Gabel in die vorderste Spitze weich anfühlt.

3. Die gegarte Zunge aus dem Sud nehmen, unter kaltem Wasser abschrecken, auf ein Holzbrett legen und die Haut abziehen.

4. Eine braune Mehlschwitze zubereiten, nach Geschmack mit ein wenig Sud aufgießen, mit Salz, Pfeffer und Zucker würzen. Ein Glas Burgunder oder Holundersaft, das Holundergelee und den Rahm zufügen.

5. Jetzt die Linsen in ein Sieb schütten, kurz mit fließendem Wasser spülen und abtropfen lassen.

6. Die Zwiebel hacken, in der Butter glasig dünsten, das Holunderkompott zugeben, kurz mitdünsten, dann die Linsen zufügen und alles durchrühren. Zugedeckt auf kleiner Flamme 5 Minuten leise köcheln lassen.

7. Die Linsen mit Salz, Pfeffer, einer Prise Zucker, Essig und Holundersaft würzen sowie mit etwas angerührtem Mehl binden.

8. Die Linsen zusammen mit der Zunge auf vier Tellern anrichten, etwas Sauce über das Fleisch ziehen und mit Petersilie bestreuen.

Tip: Im Schnellkochtopf verkürzt sich die Kochzeit um etwa zwei Drittel. Die genaue Kochzeit können Sie Ihrem Begleitbuch entnehmen. Als Beilage schmecken Kartoffeln.
Die Linsen passen auch sehr gut zu Kassler!

Herzragout

1 Rinderherz
1 Bund Suppengrün
1 TL Salz · ¹/₂ TL Pfefferkörner
1 Lorbeerblatt
1 Zwiebel
30 g Butter oder Margarine
2 EL Mehl
1 EL Tomatenmark
je ¹/₈ l Holundersaft pur und Rotwein
2 Gewürzgurken
je 30 g Kapern und Holundermus ungesüßt

1. Gesalzenes Wasser zum Kochen bringen.

2. Das Rinderherz säubern, längs durchschneiden und mit zerkleinertem Suppengrün, Lorbeerblatt und Pfefferkörnern im Salzwasser mindestens 75 Minuten gar kochen.

3. Wenn das Herz weich ist, aus der Brühe nehmen, diese durch ein Sieb gießen und ebenso wie das Gemüse auffangen.

4. Die feingehackten Zwiebeln in Butter anschwitzen, Mehl darüber stäuben und mit gut ¹/₄ l Kochbrühe aufgießen.

5. Das im Sieb befindliche Suppengemüse in die Sauce streichen, Tomatenmark, Holundersaft und Rotwein einrühren, die Sauce abschmecken und eventuell nachwürzen.

6. Fein geschnittene Gurken, Kapern und Holundermus in die Sauce rühren, das Herz würfeln und ebenfalls in die Sauce legen. Alles vor dem Servieren noch 15–20 Minuten leise köcheln lassen.

Sauerbraten

Am Vortag einlegen!
2 Zwiebeln · 2 Möhren · 1 Knoblauchzehe
1 Lorbeerblatt
Salz, Pfeffer
$^1/_2$ l Rotwein · $^1/_4$ l Holundersaft pur
1 kg Rinderschmorbraten
1 Gläschen Weinbrand
je 2 Stengel Liebstöckel und Basilikum · 2 Nelken
1 EL Stärkemehl

1. Zwiebeln hacken, Mohrrüben achteln, Knoblauch pressen, alles in eine Schüssel geben. Lorbeerblatt, Salz und Pfeffer, Rotwein und Holundersaft dazugeben und den Schmorbraten über Nacht in dieser Beize ziehen lassen.

2. Am nächsten Tag das Fleisch herausnehmen und mit Weinbrand beträufeln.

3. Die Marinade aufkochen, Liebstöckel, Basilikum, Nelken und das Fleisch hineingeben und in gut 2 Stunden langsam garen.

4. Nach Ende der Garzeit das Fleisch herausnehmen und warm stellen. Die Sauce durch ein Sieb passieren und mit kalt angerührtem Stärkemehl binden.

5. Das Fleisch in Scheiben schneiden, nochmals 10 Minuten in der Sauce nachgaren lassen, auf einer Platte anrichten und servieren.

Tip: Nudeln oder Kartoffelknödel dazu reichen.

Rindfleisch nach Mannebacher Art

Am Vortag einlegen!
1 kg Rindfleisch aus der Keule
50 g Schweine- oder Gänseschmalz
50 g geräucherter durchwachsener Speck
200 g Champignons
1 EL Mehl zum Binden
FÜR DIE MARINADE:
1 TL Salz · $^1/_2$ TL Zucker
$^1/_2$ TL Thymian
5 Pfefferkörner · 5 Pimentkörner
2 Lorbeerblätter
2 Nelken
4 kleine Zwiebeln, halbiert
$^1/_2$ l Rotwein
$^1/_2$ l Holundersaft pur

1. Das gewaschene Fleisch in große Würfel schneiden und in einen Kochtopf legen.

2. Alle für die Marinade bestimmten Zutaten über das Fleisch geben. Die Flüssigkeit muß das Fleisch ganz bedecken. Deckel auflegen, das Fleisch mindestens 12 Stunden in der Marinade ziehen lassen.

3. Danach die Zwiebeln herausfischen und das Fleisch in einem Sieb gut abtropfen lassen.

4. Speck und Zwiebeln in feine Würfel schneiden und zusammen mit dem Rindfleisch in Schmalz bräunen.

5. Die blättrig geschnittenen Champignons zufügen, die Marinade (durch ein Sieb) dazugießen und etwa $1\,^1/_2$–2 Stunden garen.

6. Die inzwischen leicht eingekochte Sauce mit einem Löffel in kaltem Wasser angerührtem Mehl binden.

Tip: Schmeckt mit Salzkartoffeln, Spätzle, Nudeln oder auch Knödeln.

Marinierter Rinderbraten

2 Tage vorab mit der Zubereitung beginnen!
1 Bund Suppengrün
$^1/_2$ unbehandelte Zitrone
4 Knoblauchzehen
3 EL Olivenöl
375 ml Holundersaft pur (ersatzweise Madeirawein)
2 EL Essig · 2 Lorbeerblätter
weiße Pfefferkörner und frisch gemahlener Pfeffer
1,3 kg Rindfleisch aus der Schulterspitze (falsches Filet)
$^1/_4$ l Fleischbrühe
Salz
2 EL Crème fraîche
beliebiges süßes Holundermus oder Holunder-Chutney (Seite 43)

1. Suppengrün putzen und klein schneiden. Zitrone dünn schälen.

2. Knoblauchzehen in 1 EL Olivenöl andünsten, Holundersaft, Essig, Zitronenschale, Suppengrün, Lorbeerblätter und Pfefferkörner dazugeben. Alles einmal aufkochen.

3. Fleisch in die abgekühlte Marinade legen und 2 Tage an einem kühlen Ort stehen lassen. Ab und zu wenden.

4. Das Fleisch aus der Marinade nehmen und trockentupfen. Den Backofen auf 150 °C vorheizen. Das Rindfleisch in 2 EL Olivenöl von allen Seiten anbraten. Marinade, Brühe und Salz dazugeben, den Topf schließen und im vorgeheizten Backofen etwa 3 Stunden garen.

5. Den Rinderbraten auf eine Platte legen und warm stellen.

6. Lorbeerblätter und Zitronenschale aus der Sauce nehmen, die Sauce durch ein Sieb passieren und mit der Crème fraîche verrühren. Nochmals abschmecken, dabei eventuell mit Salz und Pfeffer nachwürzen, dann in Scheiben schneiden und mit Holundermus oder Chutney anrichten.

Kraut–Kartoffelpuffer mit Holunder

1 Dose (580 ml) Sauerkraut
750 g Kartoffeln
1 Ei
Salz, Pfeffer
2 EL Mehl
150 g saure Sahne
100 g gekochter Schinken
je 1 Bund Petersilie und Dill
30 g Butterschmalz
1 kleines Glas (etwa 200 ml) beliebiges Holundermus (je nach Geschmack süß oder ungesüßt) oder Holunderkompott
125 g Crème fraîche

1. Das Sauerkraut gut ausdrücken und sehr klein schneiden. Kartoffeln schälen, fein reiben und mit dem Kraut mischen.

2. Ei, Salz, Pfeffer, Mehl und saure Sahne unterrühren.

3. Schinken in kurze Streifen schneiden, Kräuter hacken, beides unter die Kartoffel-Krautmasse mischen.

4. Etwas vom Schmalz erhitzen und Puffer ausbacken.

5. Die Puffer mit Holundermus oder Kompott und Crème fraîche servieren.

Rehrücken in der Nußkruste (Rezept Seite 142/143)

Holunderquiche

350 g Mehl
225 g Butter
3 Eier
Salz, Pfeffer
1 Prise Zucker
150 ml Schlagsahne
etwa 500 g Holunder-Chutney (Seite 43)

1. Mehl, Butter in Flöckchen, 1 Ei, $^1/_2$ TL Salz und 1 Prise Zucker zu einem glatten Teig verkneten, in Folie wickeln und für 1 Stunde in den Kühlschrank legen.

2. Zwei Drittel des Teiges auf der bemehlten Arbeitsfläche ausrollen und eine gefettete Tarteform damit auslegen. Den Rand andrücken und den Boden mehrmals mit einer Gabel einstechen. Den Backofen auf 200°C vorheizen.

3. Die Sahne mit den restlichen Eiern verquirlen, kräftig mit Salz und Pfeffer würzen und auf den Teig gießen.

4. Das Chutney auf dem Kuchen verteilen, den restlichen Teig ausrollen, in Streifen schneiden und gitterförmig auf den Teig legen.

5. Die Quiche im vorgeheizten Backofen auf der zweiten Schiene von unten 40–45 Minuten backen.

Feta mit Holundermus in Blätterteig

2 Scheiben tiefgekühlter Blätterteig
200 g Feta am Stück
8 TL Holundermus ungesüßt

1. Den Blätterteig antauen lassen, jede Platte in sechs Teile schneiden (einmal der Länge nach, dann zweimal quer schneiden). Die Teile nur ganz leicht in die Breite ausrollen.

2. Den Feta in Scheiben schneiden und diese auf die Blätterteigquadrate verteilen, je 1 TL Holundermus daraufsetzen, die Ränder mit kaltem Wasser bepinseln, den Blätterteig zusammenklappen und mit einer Gabel zudrücken.

3. Ein Ei verquirlen, die Blätterteigtaschen damit einstreichen. Die Teile auf ein mit Backpapier ausgelegtes Blech legen und bei 200 °C 20 Minuten goldbraun backen.

Tip: Die Blätterteigtaschen als Häppchen zum Aperitif reichen oder mit etwas Salat auf einem Teller angerichtet als Vorspeise. Wer den Geschmack mag, kann den Feta durch Schafs- oder Ziegenkäse ersetzen.
Die Häppchen schmecken übrigens auch mit süßem Holundermus ausgezeichnet!

Alter Spruch:

Grea san d' Hollerstaud'n
Weiß is de Blüah
Schwarz san de schena Aug'n
Treu blei'm deans nia!

Getränke mit Holunder

Holunderblütenlimonade

Mit frischen Holunderblüten!

10 Holunderblütendolden
oder Holunderblütensirup (siehe Seite 49)

Scheiben von 1 unbehandelten Zitrone · Honig

1. Die Holunderblütendolden in einen sauberen Steintopf füllen, die Zitronenscheiben dazwischenlegen und so viel Wasser aufgießen, daß alles bedeckt ist. Das Ganze abdecken und 1 Tag stehen lassen.

2. Die Limonade durch ein Sieb gießen und mit Honig nach Geschmack süßen. Frisch trinken!

Tip: Mit Holunderblütensirup können Sie Limonade auch zur Sommerzeit zubereiten – gerade da schmeckt sie ja erfrischend. Einfach etwas Sirup in ein Longdrinkglas gießen, mit Mineralwasser auffüllen und eventuell einem Schuß Zitrone oder Apfelessig anreichern und trinken.

Holunderglühwein

$^3/_4$ l Holundersaft süß
$^3/_4$ l Rotwein
2 Scheiben von 1 unbehandelten Zitrone
2 Scheiben von 1 unbehandelten Orange
4 Nelken · $^1/_2$ Stange Zimt
Zucker nach Geschmack

Alle Zutaten mischen, erhitzen, aber nicht kochen lassen. Sollte sich weißer Schaum bilden, einfach abseihen.

Holunderpunsch

$^1/_4$ l Holundersaft
150 g brauner Kandis
6 Gewürznelken
Saft von $^1/_2$ Zitrone
Schale von 1 ungespritzten Zitrone
1 Flasche Rotwein
1 Likörglas Rum

1. Den Holundersaft mit Kandis, Nelken, Zitronensaft und Zitronenschale aufkochen und so lange rühren, bis sich der Kandiszucker aufgelöst hat, dann durch ein Haarsieb gießen.

2. Diesen Saft mit Rotwein und Rum nochmals erhitzen, aber nicht mehr kochen lassen.

3. In Punschgläser füllen und heiß servieren.

Holunder–Fruchtpunsch alkoholfrei

$^{1}/_{2}$ l guter schwarzer Tee
$^{1}/_{2}$ l Holundersaft süß
$^{1}/_{2}$ l Apfelsüßmost
Schale von 1 unbehandelten Zitrone
Saft von 2 Zitronen
Saft von 4 Orangen
Zucker nach Geschmack

1. Einen Teeaufguß herstellen, aber nicht länger als 5 Minuten ziehen lassen!

2. Alle Säfte, etwas Zucker und die sehr dünn abgeschälte Zitronenschale erhitzen, aber nicht kochen lassen.

3. Die Zitronenschale entfernen, die heißen Säfte mit dem Teeaufguß mischen, abschmecken und gut heiß in Punschgläsern reichen.

Holunder–Rotwein mit Ei

Für 1 Person:
1 Eigelb
1 EL Traubenzucker
$^1/_2$ Tasse Holundersaft
$^1/_2$ Tasse kräftiger Rotwein

1. Eigelb und Zucker schaumig schlagen, Holundersaft und Rotwein darunterquirlen. Sofort servieren.

Tip: Das Getränk kann auch heiß getrunken werden. In diesem Fall ebenso herstellen, dann den Holunder-Wein-Mix auf dem Herd abschlagen, bis er warm ist und schäumt. Keinesfalls kochen lassen!

Holunder–Joghurt–Drink

Für 1 bis 2 Personen:
80 g beliebiges süßes Holundermus
1 EL Holundersaft oder Holunderlikör
2 EL Haferkleieflocken
100 g fettarmer Joghurt
150 ml fettarme Milch

1. Holundermus mit Holundersaft oder -likör pürieren.
2. Haferkleie, Joghurt und Milch zugeben und alles kurz aufmixen.

Holunder–Erdnuß–Milch

Für 1 Person:
1 Spritzer Zitronenkonzentrat
100 ml Holundersaft
80 g Rosinen
1 EL Erdnußcreme ungesalzen (oder Mandelmus)
2 EL Haferkleie mit Keim
150 ml Buttermilch

1. Den Spritzer Zitronenkonzentrat zum Holundersaft geben, darin die Rosinen 30 Minuten einweichen.

2. Die Rosinen mit dem Saft, mit Erdnußcreme und Haferkleie pürieren.

3. Die eiskalte Buttermilch zufügen und noch einmal kurz aufmixen. In einem Longdrinkglas servieren.

Holunderblütenmilch

Mit frischen Holunderblüten!

Für 1 Person:

2 frische Holunderlütendolden

2 Tassen frische Milch

*je nach Geschmack 1 Prise Ingwer,
Safran, Zimt oder Vanille*

Honig zum Süßen

1. Die Holunderdolden mit kalter Milch ansetzen und zum Kochen bringen. Falls Sie mit Vanille würzen, das Mark mitkochen. Danach die Milch noch etwas ziehen lassen und abseihen.

2. Jetzt die Milch mit Ingwer, Safran oder Zimt würzen, mit Honig süßen und trinken.

Bananen–Holunder–Milchshake

Für 1–2 Personen:

1 gut reife Banane

3 EL beliebiges süßes Holundermus

$^1/_4$ l Milch

Alle Zutaten in einen Mixer geben oder mit dem Pürierstab aufrühren. In zwei Gläser füllen und sofort servieren.

Holunder-Buttermilch-Shake

Für 1 Person:
2 Eiswürfel
2 EL Holunderkompott
1 EL Zucker · 1 TL Zitronensaft
$^1/_4$ l gut gekühlte Buttermilch
2 EL Holunderlikör oder Kirschwasser

1. Eiswürfel zerkleinern, mit Kompott, Zucker und Zitronensaft gut mixen.
2. Buttermilch zugießen, schaumig schlagen, Holunderlikör oder Kirschwasser zugeben. In gekühltem Glas sofort reichen.

Holunder-Milchshake

Für 1 Person:
2 gehäufte EL Vanilleeis
2 EL Holundersaft pur
1–2 EL Zucker · $^1/_8$ l kalte Milch
1 EL geschlagene Sahne
1 unbehandelte Zitronenscheibe zum Verzieren

1. Vanilleeis, Holundersaft, Zucker und die gut gekühlte Milch mit dem Handrührgerät schaumig schlagen.
2. In einem gekühlten Glas anrichten, mit der Sahne und der auf den Glasrand gesteckten Zitronenscheibe servieren.

Hotaxa

Für 1 Person:
2 cl Metaxa   *(oder anderer Weinbrand)*
3 cl Holunderlikör
2 Spritzer Zitronenextrakt
2 Spritzer Angostura   *(Bitterextrakt zum Würzen)*
4 cl Holundersaft
6 cl Bitter Lemon

1. Metaxa, Holunderlikör, Zitronenextrakt und Angostura in einem Shaker kurz schütteln.

2. Zwei bis drei Eiswürfel in ein Longdrinkglas geben, die Mischung darübergießen und mit gekühltem Holundersaft und Bitter Lemon auffüllen.

Holunder–Grapefruit–Flip

Für 1–2 Personen:
1 Eigelb
2 EL Puderzucker
2–3 EL süßer Rahm
2 Eiswürfel, zerstoßen
1 EL Zitronensaft
$^1/_8$ l Holundersaft
$^1/_8$ l Grapefruitsaft
etwas abgeriebene unbehandelte Zitronenschale

1. Eigelb und Zucker mit einem elektrischen Handrührbesen sehr schaumig schlagen.
2. Rahm, zerstoßene Eiswürfel und Zitronensaft zufügen, alles schaumig mixen.
3. Die restlichen Säfte untermischen.
4. Den Drink in ein vorgekühltes Longdrinkglas füllen, etwas abgeriebene Zitronenschale auf die Schaummasse streuen und sofort servieren.

Durch den Grapefruitsaft ist der Geschmack leicht bitter!

Erdbeer–Holunderbowle alkoholfrei

Für 5–6 Personen:
600 g Erdbeeren (frisch oder tiefgefroren)
150 g Zucker
1 l Apfelsüßmost
¹/₂ l Holundersaft süß
Saft von 2 Zitronen
¹/₂ l eisgekühltes Mineralwasser

1. Frische Beeren waschen, gut abtropfen lassen, entstielen, leicht einzuckern (tiefgefrorene, mit Zucker eingefrostete Beeren nicht mehr zuckern).

2. Die Erdbeeren mit wenig Apfelsüßmost begießen, Früchte zugedeckt bei Zimmertemperatur einige Stunden ziehen lassen, damit sich Aroma entwickelt. Alle anderen Zutaten so lange kalt stellen.

3. Kurz vor dem Servieren der Bowle den restlichen Apfelsüßmost, den Holundersaft, den Saft der ausgepreßten Zitronen und als letztes das gekühlte Mineralwasser beifügen.

Tip: Um die Bowle kalt zu halten, können Sie das Bowlengefäß in eine Schüssel mit Eiswürfeln stellen – niemals Eiswürfel in die Bowle geben!

Holunder–Kir

Für 1 Person:

je 1 Glas trockener Sekt und Holunderlikör

Füllen Sie ein Schnapsglas Holunderlikör in einen Sektspitzkelch und gießen Sie mit trockenem Sekt auf.

Variation: Sie können den Holunderlikör auch mit *Bitterino* oder einem anderen bitteren alkoholfreien Aperitif aufgießen. Das hat weniger Alkohol, schmeckt leicht bitter und apart.

Im Volksmund hieß es:

Vor dem Holunder zieh den Hut!

Holunder in der Hausapotheke

Rezepturen

Ein Wort vorab:

Was sich seit urdenklichen Zeiten bewährt hat, muß gut sein, davon bin ich überzeugt. Und der Holunder hat sich bewährt! Schon Hippokrates hat ihn etwa 400 Jahre v. Chr. gegen Wassersucht eingesetzt, und so haben sich die Menschen seine Heilkraft bis heute zunutze gemacht. Ich habe in alten Büchern nachgeschaut und auf dem Land und in der Stadt herumgefragt, und einiges wußte ich auch noch aus eigener Erfahrung. So entstand die folgende Sammlung von Rezepturen.

Obwohl ich gründlich recherchiert habe, muß die Verantwortung für die Anwendungen doch beim Leser selbst bleiben. Ich möchte ausdrücklich darauf hinweisen, daß sich Hausmittel nur zur Behandlung von Bagatellkrankheiten eignen. Bei ernsthaften Erkrankungen immer den Arzt oder Heilpraktiker aufsuchen!

Holunderblütentee

Anzuwenden bei Grippe, Schnupfen, Bronchitis, Lungenentzündung, Rheuma, Zahnschmerzen, Kopfschmerzen, Ohrenschmerzen, zur Beruhigung der Nerven und zur Stärkung des Immunsystems.

Basisrezept

2 gehäufte TL Holunderblüten werden mit $^1/_4$ l *Wasser* übergossen. Den Tee nach Geschmack mit *Honig* süßen, dann 10 Minuten ziehen lassen.

Als **Schwitztee** (bei Erkältungen):
Packen Sie sich dick ein, trinken Sie $^1/_2$ l Holunderblütentee möglichst warm.
Sind Sie dann richtig heiß und naßgeschwitzt, sollten Sie den ganzen Körper mit kaltem Wasser abwaschen und sich sofort wieder ins warme Bett legen.

Um das **Immunsystem zu stärken** oder **rheumatische Beschwerden** zu lindern, den Tee nur halb so stark zubereiten und mäßig warm trinken. Davon über drei Wochen dreimal täglich eine Tasse konsumieren.

Außerdem wirkt der Tee **nervenberuhigend** und lindert **Kopf- und Zahnschmerzen**. Auch bei **Ohrenschmerzen** wird der Tee eingesetzt – in diesem Falle trinkt man ihn allerdings nicht, sondern träufelt ein paar Tropfen ins Ohr. Danach wird der Schmerz schnell nachlassen. Bei **Zahnschmerzen** nimmt man etwas Holundertee in den Mund und umspült damit den betroffenen Zahn. Den Tee möglichst lange im Mund behalten!

Holunderblütensirup

<u>Anwendung zur Blutreinigung</u>

2 Handvoll getrocknete Holunderblüten
1 Zitrone, 1 l Wasser, 1 kg Zucker

Die Holunderblüten und die in Scheiben geschnittene Zitrone im Wasser drei Tage ziehen lassen, kurz aufkochen, gut mit dem Zucker vermengen (darauf achten, daß sich der Zucker löst), dann filtern und in Flaschen füllen.
Zur Blutreinigung den Sirup mit etwas Wasser verdünnen und über mehrere Wochen täglich ein Glas trinken.
Schmeckt erfrischend und ist auch sonst gut!

Holunderblättertee

<u>harntreibend – zur Blutreinigung – als Frühjahrskur</u>

Der Tee aus Blättern wirkt harntreibend und reinigt das Blut. Um ihn zuzubereiten, nimmt man *1 TL gehackte Holunderblätter* (frisch oder getrocknet), überbrüht sie mit *einer Tasse* kochendem Wasser und läßt sie 10 Minuten ziehen. Dann abseihen und trinken.
Davon 1 bis höchstens 2 Tassen täglich trinken.
Zur Blutreinigung sollte man die Blätter 10 Minuten kochen und die Kur mindestens einen Monat durchführen.

Tip: Abgekochte Blätter zur Erfrischung auf die Augen legen!

Pfarrer Kneipp preist diesen Tee mit folgenden Worten zur Frühjahrskur an:
»Wer kennt nicht diese Zustände, die sogenannten Frühlings-

krankheiten, wie Ausschläge, Abweichen (Durchfall), Kolik und Ähnliches. Wer durch eine Frühlingskur Säfte und Blut reinigen und verlegene Stoffe in leichter und natürlicher Weise ausscheiden will, der nehme ... in der ganzen Kurzeit täglich des Morgens nüchtern 1 Tasse solchen Tees, eine Stunde später sein Frühstück.«

Natürlich kann so eine Entschlackungskur zu jeder Jahreszeit gemacht werden. Auch getrocknete Blätter tun ihre Wirkung!

Absud von Holunderblättern

zur äußeren Anwendung

Er wirkt wohltuend und heilend bei Verstauchungen, Blutergüssen, Entzündungen, Verbrennungen und Ekzemen

2 Handvoll Holunderblätter in *1 Glas Wasser* 15 Minuten kochen. Den Absud dann durch ein Sieb in eine Schüssel gießen und für Bäder und Umschläge gebrauchen.

Holunderwurzel- oder -rindentee

anzuwenden bei Harnverhalten und zum Entwässern bei Wasseransammlungen im Körper

Wurzel und Rinde des Holunders sind ein sehr wirksames Mittel, um die Harnausscheidung anzuregen. Da beim Sammeln der Wurzel der Strauch verletzt wird, sollte man Wurzeltees aber nur in der Apotheke/Drogerie kaufen oder ersatzweise Blättertee nehmen.

172

Wichtig: In Rinde, Wurzel und Blättern des Holunders ist ein Glykosid enthalten, das Blausäure abspaltet. Halten Sie sich deshalb genau an die Anweisungen auf der Packung und meiden Sie solchen Tee bei empfindlichem Magen!

Tee von der Wurzel des Attichs

bei starker Wasseransammlung, Rheuma und Gicht

Die Wurzel des Attichs (siehe Seite 18, Verwandter des Holunders) hilft bei starker Wasseransammlung, Rheuma und Gicht. Sie bekommen diesen Tee ebenfalls in der Apotheke.

Man nimmt von den *getrockneten Wurzelteilen 1 gehäuften TL,* übergießt diese mit *1 Tasse kalten Wassers* und kocht sie kurz auf. Dann 5–10 Minuten ziehen lassen.

Davon 1 Tasse täglich trinken.

Holundersulze

Anwendung bei Husten und Heiserkeit und zur Vorbeugung in kalten Jahreszeiten

2 Teile Holunderbeeren und 3 Teile Zucker

Die gewaschenen, wieder getrockneten und abgezupften Beeren mit sehr wenig Wasser (nur so viel, daß sie nicht anbrennen) in einem Topf aufs Feuer stellen bis sie platzen, dabei immer wieder umrühren, damit sie nicht anbrennen. Die Masse dann in ein Tuch geben, alle vier Enden verknoten und auf einem Kochlöffel über einer Schüssel aufhängen, bis der ganze Saft abgetropft ist. Das Tuch schließen und nachpressen. Anschließend den Saft mit dem Zucker auf kleiner Flamme

kochen, bis er sulzig ist. Dann in kleine Schraubgläser füllen und heiß verschließen.

Davon nimmt man bei Husten und Heiserkeit mehrmals täglich 1 Teelöffel voll.

Möchte man gesund über den Winter kommen, rät **Pfarrer Kneipp**, sollte man während der kalten Jahreszeit des öfteren ein Löffelchen Holundersulze in einem Glas Wasser aufgelöst zu sich nehmen. Das reinigt den Magen, wirkt günstig auf Urinausscheidungen und die Nieren. Außerdem stärkt es das Immunsystem.

Holunder-Hustentrank

<u>anzuwenden bei Husten</u>

40 g geschrotete Gerste, 4 getrocknete und sehr klein geschnittene Feigen, 1 l Wasser, Kandiszucker, 2 TL Holunderblüten, frisch oder getrocknet und zwischen den Fingern zu Pulver zerrieben

Alle Zutaten außer den Holunderblüten einige Minuten kochen, dann die Blüten dazugeben, 5–10 Minuten ziehen lassen und den Trunk heiß zu sich nehmen.

Rohe Holunderbeeren

<u>bei Neuralgien des Ischias- und Trigeminus-Nervs</u>

Bei Ischiasschmerzen sollen die ungekochten Holunderbeeren wirken:

20 g frische reife Holunderbeeren (niemals grüne nehmen!) mit einer Gabel in einer Tasse zerdrücken und diesen Brei mit *3 EL Portwein* vermischen.

Es ist anzuraten, dieses Mus über zwei Wochen zweimal täglich einzunehmen. Aber vermeiden Sie eine Überdosierung, denn frische Beeren bewirken unter Umständen Durchfall.

Tip: Sie können frische Beeren für den Notfall einfrieren.

Getrocknete Holunderbeeren

bei Durchfall

1 TL getrocknete Holunderbeeren mit *etwas Wasser* zu einem Brei aufgekocht, als Tee aufgegossen oder einfach roh gegessen wirken sehr gut bei heftigem Durchfall.

Holunderwein aus Beeren

anzuwenden bei Verdauungsstörungen und zur Vorbeugung

1 Litermaß entstielte Holunderbeeren mit *1 l Wein* 30 Minuten lang einkochen, mit *Zucker nach Geschmack* nochmals erwärmen (Zucker soll sich ganz auflösen), in Flaschen füllen und 3 Wochen ziehen lassen. Davon täglich 2–3 Likörgläschen trinken.

Augen- und Gesichtskompressen

<u>bei müden Augen – gegen unreine Haut</u>

50 g Holunderblüten werden mit *1 l kochendem Wasser* übergossen. Den Aufguß 15 Minuten ziehen lassen, dann filtern und in einer Flasche aufbewahren.

Auf jedes Auge kommt eine in Holunderaufguß getränkte Kompresse. Mindestens 10 Minuten ruhig liegen und wirken lassen.

Dieser Holunderaufguß kann mäßig heiß auch für Gesichtskompressen verwendet werden, denn Holunder öffnet die Poren, wodurch eine tiefe Reinigung erzielt wird.

Holunder zum Gurgeln

<u>bei Mandel- und Rachenentzündungen sowie rheumatischen Halsbeschwerden</u>

2 TL Holunderblüten werden mit *1 Tasse Milch* überbrüht – damit mehrmals täglich langanhaltend gurgeln.

Blütensäckchen bei Ohrenschmerzen

Man überbrüht ein kleines, mit Holunderblüten gefülltes Säckchen, drückt es aus und legt es heiß auf das schmerzende Ohr.

Oder: Füllen Sie das Säckchen halb und halb mit Holunder- und Kamillenblüten.

Holunder-Gesichts-
dampfbad

anzuwenden bei Nebenhöhlenentzündung

Ein Dampfbad aus Holunderblüten wirkt sehr gut bei Problemen mit den Nebenhöhlen – aber Vorsicht, denn Holunder öffnet die Poren, wodurch bei zu heißen Bädern Gefahr von Verbrennungen besteht!
25 g Holunderblüten in eine Schüssel geben, mit *½ l kochendem Wasser* überbrühen und ziehen lassen. Ist der Aufguß etwas abgekühlt, beugen Sie sich über die Schüssel und legen sich ein Handtuch so über ihren Kopf, daß es auch die Schüssel abdeckt. Dann den Dampf 5–10 Minuten kräftig einatmen.

Weiteres:

- Tees aus Holunderblättern, -wurzel und -rinde haben eine stark abführende, harntreibende Wirkung – hier ist auf jeden Fall Vorsicht geboten! Am besten kaufen Sie fertige Tees und halten sich genau an die Dosierungsanleitungen.
- Holunderblütenwasser ist wegen seines hohen Vitamin-C-Gehalts bei Sonnenbrand besonders zu empfehlen. Holunder ist übrigens auch Bestandteil mancher Brandsalben.
- Das Schwitzen fördert ein Glas heißer Holundersaft, den man mit dem Saft einer halben Zitrone und 1 TL Honig vermischt.

Tip: Haben Sie Sonnenbrand oder andere Verbrennungen, möglichst sofort mit frischen Holunderbeeren oder frisch gepreßtem Zitronensaft einreiben – und schon nach wenigen Stunden ist alles abgeheilt!

Holunder in der Tierheilkunde

In der Tierheilkunde wurde der Holunder nachweislich schon bei den Römern eingesetzt. Im Mittelalter hat man vor allem den Attich, den kleineren Verwandten des Schwarzen Holunders, in die Nähe von Stallungen gepflanzt, um ihn immer gleich bei der Hand zu haben, und auch unsere direkten Vorfahren haben den Holunder nicht nur in der Hausapotheke, sondern auch zur Heilung von Vieh und Kleintieren verwendet.

Ein Aufguß aus Holunderblüten wurde bei Koliken, katarrhalischer Bräune und Rheumatismus, bei rheumatischen Krämpfen, bei rheumatischem Starrkrampf von Pferden, Hunden und Lämmern, bei akutem Rheumatismus von Schweinen, gegen Druse beim Pferd und der Hundekrankheit Staupe verwendet. Um in diesen Fällen Heilerfolge zu erzielen, muß man allerdings sofort intervenieren. Bei chronischen Erkrankungen ist mit Holunder nur noch wenig zu erreichen. Weil für den Laien eine sichere Diagnose praktisch nicht zu erstellen ist, rate ich dazu, auf jeden Fall den Tierarzt aufzusuchen!

Für den Heiltee nimmt man auf 1 l Wasser von den Holunderblüten 30–90 g zur Behandlung von Pferden und Rindern, 15–30 g zur Behandlung von Schafen und Schweinen, 2–8 g bei Hunden, 2–4 g bei Katzen und verabreicht davon etwa alle 2 Stunden $^1/_2$–1 Tasse (bei Pferden auch mehr).

Tip: Mit etwas Zucker vermischt schmeckt der Aufguß den meisten Tieren.

In Form von **Kräuterkissen, Umschlägen** und **Kompressen** ist der Holunder in der Tiermedizin auch äußerlich anzuwenden. Vor allem bei Schleimhautentzündungen des Halses und der Augen und bei rheumatischen Entzündungen.

Register
nach Sachgruppen

Vorrat anlegen –
Einkochen von Mus, Säften, Marmeladen

Backen mit Holunder

Süße Gerichte und Nachspeisen

Herzhaftes mit Holunder

Getränke mit Holunder

Holunder in der Hausapotheke

Alphabetisches
Rezeptverzeichnis